UN
la espi

291.4	Lubich, Chiara
ZAN	Un camino nuevo : la espiritualidad de la unidad - 1ª ed., 3ª reimp. - Buenos Aires : Ciudad Nueva, 2016.
	168 p. ; 20x13 cm. - (Espiritualidad)
	Traducción de: Honorio Rey
	ISBN 950-586-170-2
	I. Título. - 1. Espiritualidad

Un camino nuevo

La espiritualidad de la unidad

CHIARA LUBICH

Ciudad Nueva

Título original: *"Una nuova via : la spiritualità dell'unità"*
© 2002 Città Nuova Editrice, Roma (Italia)

Primera edición: *diciembre de 2002*
Primera edición, tercera reimpresión: *junio 2016*

© Editorial Ciudad Nueva, 2016
Lezica 4358, Buenos Aires, Argentina
www.ciudadnueva.org.ar

Traducción: *Honorio Rey*

Diseño de interiores: *Damián García*
Diseño de tapa: *Matías Blanco*

ISBN 650-586-170-2
Queda hecho el depósito que marca la ley 11.723

Impreso en Argentina
Printed in Argentina

PRÓLOGO

Al meditar este libro de Chiara Lubich sobre la espiritualidad de la unidad surge en el alma, con fuerte y consoladora claridad, la convicción de fe que nos trasmite la Sagrada Escritura: "Porque el Espíritu del Señor llena la tierra, y él, que mantiene unidas todas las cosas, sabe todo lo que se dice" (Sab 1, 7).

En nuestros días nos vemos muchas veces turbados y casi superados por las sombras que parecen agolparse sobre la humanidad. Sin embargo, cuando somos capaces de dejar que el Espíritu Santo ilumine nuestro corazón y abra nuestros ojos, la esperanza y la alegría nos inundan. El Espíritu es la fuerza de Dios en acción. Y nosotros, leyendo los signos de los tiempos (cf. Mt 16, 3) podemos advertir su presencia activa por todas partes en el mundo que nos rodea. "Es necesario además que se estimen y profundicen los signos de esperanza presentes en este último fin de siglo", *nos ha recordado Juan Pablo II al acercarse el nuevo milenio* (Tertio millennio adveniente, 46).

El Espíritu se manifiesta con un vigor especial en ciertas expresiones de la vida de la Iglesia, en cuyo seno ha sido, de múltiples formas en las últimas décadas, forjador de renovación. Pienso aquí, en particular, en su potente soplo durante el Concilio Vaticano II. Y en esos modelos concretos de vida nueva que, antes o después del importante e histórico acontecimiento, ha suscitado en los modernos Movimientos eclesiales, los cuales se muestran cada vez más no sólo como signos seguros de una nueva primavera de la Iglesia preconizada por algunos Papas, sino también como "medicina" *para el mundo actual asediado por grandes males, como ya se reconoce universalmente. No por casualidad Juan Pablo II nos ha invitado, entonces, al* "reconocimiento de la presencia y de la acción del Espíritu, que actúa en la Iglesia" (ibid., 45).

El presente libro es un cautivante testimonio de esa perspectiva de esperanza. Al meditar cada una de sus páginas, resulta espontáneo pensar en el pasaje de Juan donde Jesús promete que el Espíritu Consolador guiará al Pueblo de Dios y "los introducirá en toda la verdad" *(cf. Jn 16, 13), desplegando en el tiempo y el espacio el Evangelio de Cristo.*

Profundamente marcado por tantas contradicciones dramáticas, y al mismo tiempo tan prolífico en corrientes de renovación, todo el siglo XX se ve atravesado por la acción del Espíritu Santo, comenzando por los movimientos bíblico, patrístico y litúrgico que han preparado el Concilio Vaticano II, volviendo a poner a la cristiandad nuevamente en contacto con sus orígenes, con la intensidad primordial y la autenticidad de vida de la Iglesia primitiva.

Entre esos impulsos renovadores no se puede dejar de mencionar también la Encíclica Mystici Corporis, *con la cual, en 1943, Pío XII volvió a presentar al pueblo de Dios su realidad de comunión de hermanos que tienen a Cristo como cabeza.*

Ese mismo año, bajo los bombardeos de la Segunda Guerra mundial, en significativa coincidencia surgía en Trento el "carisma de la unidad" llevando a Chiara Lubich y a sus primeras compañeras a "un decidido vuelco hacia los hombres", e impulsándolas a ponerse, sin reservas, al servicio de todos los prójimos y a explorar el gran arte del "santificarse juntos". Así es como, veinte años antes del Concilio, se abría un camino espiritual que respondería de manera providencial al pedido del Vaticano II de un nuevo estilo de vida eclesial, y ayudaría a la Iglesia a ir ardorosamente al encuentro al encuentro del mundo actual y a llevar a Jesús vivo a todos.

Observando este carisma, como también los de los otros Movimientos eclesiales, se puede decir que, contemporáneamente a la renovación conciliar, y mucho antes de que se comenzara a hablar de "globalización", el Espíritu ya había comenzado a suscitar en corazones humanos su alternativa más verdadera: la "globalización del amor", o bien, la idea de la fraternidad universal que considera a todos los hombres y mujeres antes que nada como hijos del mismo Padre y, por consiguiente, dignos del mismo amor.

Sólo un amor semejante, de alcance global, como es subrayado y promovido nítidamente por la espiritualidad de la unidad, propuesta en este volumen, puede ofrecer nuevas energías vitales a la cultura moderna que –después de haber olvidado sus raíces espirituales, en el largo proceso de secularización difundido con la Revolución Francesa– va perdiendo cada vez más la fuerza de salvaguardar la dignidad de la persona humana, y se encuentra así en un callejón sin salida.

Estoy seguro de que la vida del Resucitado, presente entre los hombres y mujeres unidos en la reciprocidad del amor –ese algo más *que requiere la espiritualidad de la unidad, respecto de las otras espiritualidades de corte preferentemente individual–, podrá no sólo ser vertiente de una eficaz renovación de la Iglesia, sino también medicina capaz de curar las crisis del mundo actual, causadas sobre todo por la distintas formas de división, por la falta de unidad.*

Con lucidez, el Concilio Vaticano II ha presentado a la Iglesia, en efecto, como signo e instrumento de la unidad de todo el género humano (cf. LG 1). Hundiendo sus raíces en la vida de las tres Personas divinas (cf. LG 4), el pueblo de Dios es llamado a ser modelo de toda la comunidad humana, y su primer servicio a la familia humana será difundir en el mundo la comunión. Hacer de la Iglesia *la casa y la escuela de la comunión*: éste es el gran desafío –ha escrito recientemente Juan Pablo II– que tenemos ante nosotros en el milenio que comienza, si queremos ser fieles al designio de Dios y responder también a las profundas esperanzas del mundo" *(Novo millennio ineunte, 43).*

Una espiritualidad de la comunión, como ha pedido el Papa para toda la Iglesia en el umbral de nuevo milenio, no es sólo una variante de su estilo de vida sino que se vuelve necesidad absoluta, instrumento indispensable para que la Iglesia pueda realizar lo que es su verdadera razón de ser en la tierra.

Un paso urgente a dar, por lo tanto, es el de crear en todas partes células vivas de la Iglesia-comunión. Al mismo tiempo, éste es el punto de partida de la nueva evangelización: es necesario, antes que nada, evangelizarse a sí mismo, y evangelizarse es entrar cada vez más en la forma de ser trinitaria: la comunión.

Aquellos puntos fundamentales, clásicos de la espiritualidad cristiana, que en las páginas de este libro se destacan de modo particular en su acentuada dimensión comunitaria –comenzando por Dios-Amor y por la Voluntad de Dios, hasta María y el Espíritu Santo– conforman las líneas guía para avanzar a lo largo de este itinerario espiritual. Pero es sobre todo el binomio la unidad y Jesús Abandonado *–entendidos como "las dos caras de una misma medalla"– los que constituyen la novedad más original de la visión del misterio cristiano que aquí se delinea.*

Saber "abrazar" a Jesús Abandonado es condición necesaria para "'dar espacio' al hermano, llevando mutuamente la carga de los otros (cf. Gal 6,2) *y rechazando las tentaciones egoístas" (cf.* NMI 43). *Una actitud que trae como consecuencia, si luego se vuelve recíproca, la presencia de Jesús en medio, auténtico "castillo exterior" (cf. pp. 28s.) –a modo y complemento del "castillo interior" del cual habló Teresa la grande–, que no puede quedar sólo como patrimonio del Movimiento de los focolares dado que es de importancia vital para lograr que el cuerpo social se vuelva vivo y compacto, a más del ámbito eclesial.*

Con la espiritualidad de comunión, llamada también "colectiva" porque lleva a ser "uno" en Cristo (cf. Gal 3, 28), *los tiempos están maduros para proyectarse decididamente fuera de la Iglesia. En efecto, siguiendo el camino de la comunión y la unidad se vive en plenitud el propio bautismo, es decir, el injerto en la vida del Padre, del Hijo y del Espíritu Santo, convirtiéndose así en fieles adultos, capaces de hacer que se propague la vida trinitaria en la Iglesia y de llevarla a la sociedad.*

¿Qué otra cosa se podría esperar de una existencia cristiana auténtica? Viviendo la espiritualidad de comunión se evita el peligro de los extremismos: tanto el de conformarse con el inmanentismo de gran parte de la cultura actual, como de refugiarse en un espiritualismo estéril. "Prestando a Dios nuestra humanidad" tenemos la posibilidad de dar vida a una santidad de pueblo y de inundar el mundo con lo divino, encarnando en el vivir cotidiano el amor que eleva, que hace casa, etc., con todas las consecuencias benéficas que derivan para la Iglesia y la sociedad civil.

Poco a poco, de la pequeña semilla, nacen así proyectos de amplia repercusión.

El amor que es comunión ha dado vida, en los últimos años, a centenares de empresas que, en su funcionamiento, siguen los principios de una economía de comunión, paradigma original de la actividad productiva que suscita creciente interés entre los especialistas.

Del amor que irradia han nacido, hasta ahora, veinticinco "Mariápolis permanentes", pequeños asentamientos modernos que, como "ciudad sobre el monte", quieren ofrecer el testimonio de modelos de sociedad animada por la ley del amor evangélico.

El amor que hace casa, en el sentido más amplio, lleva a mostrar, a través de nuevas expresiones artísticas, que Dios no es solamente Verdad y Bondad, sino también Belleza.

El amor que genera sabiduría, ayuda a extraer la doctrina inherente al carisma de la unidad, para replantear desde ella la teología, la filosofía, la psicología, en fin, las distintas ciencias, preparando el camino a una nueva síntesis del saber humano, en esta época post-moderna, donde cada conocimiento se pierde en su propia parcialidad.

El amor –"chispa inspiradora de todo lo que se hace bajo el nombre de focolar" (Juan Pablo II)– produce todo esto y mucho más, allí donde, en el mundo entero, llega esta espiritualidad y esta vida de comunión.

De aquí que este libro nos ponga en contacto con grandes "proyectos" del Espíritu Santo para la renovación del mundo: proyectos que nos abren horizontes que superan cualquier expectativa humana y de los cuales, sin embargo, ya podemos vislumbrar efectos concretos. Motivo de profunda gratitud y de inmensa alegría para aquellos que, en su vida, han tenido la gracia de encontrar y de seguir, de alguna manera, la espiritualidad de la unidad. Allí donde se la pone en práctica, la presencia del Dios cercano –el Emmanuel, el Dios-con-nosotros– y la acción del Espíritu Santo se vuelven particularmente evidentes en la Iglesia y en la sociedad. Nosotros no podemos menos que dar gracias al Padre por este regalo suyo, del cual somos testigos en el alba del tercer milenio.

¿Qué esperaríamos de este libro? Que se vuelva alimento para la vida de muchos y contribuya así al embellecimiento de la Iglesia para que pueda ser entre los hombres signo y orientación a la felicidad, para la salvación del mundo y a gloria de Dios.

María, de la cual lleva el nombre esta Obra, de cuyo seno a brotado la espiritualidad de la unidad, sea para todos nosotros la Odighitria: *la que nos muestra el camino.*

Praga, 8 de septiembre de 2002

Card. Miloslav Vlk
Arzobispo de Praga

PRIMERA PARTE
LÍNEAS GENERALES

1. UNA NUEVA ESPIRITUALIDAD: COLECTIVA

Querría, en esta conversación, comenzar por considerar el aspecto espiritual del Movimiento y, en particular, su espiritualidad en lo que tiene de suyo característico: es decir, el ser comunitaria o, mejor aún, colectiva, como decía Pablo VI.

El esplendor de las espiritualidades

Sabemos como, en estos dos mil años desde la venida de Jesús, todas las Iglesias, en la medida que han sido fieles a la Palabra del Señor y a la inspiración del Espíritu Santo, han visto florecer en su seno, una tras otra, y a veces contemporáneamente, las más hermosas, profundas, ricas experiencias de vida espiritual. De esta manera la Esposa de Cristo se ha visto engalanada de las más preciosas perlas, de los más raros brillantes que han formado y seguirán formando muchos santos.

De tal modo que –como nosotros decimos–, si Jesús es el Verbo encarnado, la Iglesia es –en la plenitud de todas las experiencias espirituales de la historia– un Evangelio desplegado en el tiempo y en el espacio.

Se va a Dios individualmente

En todo ese esplendor, además, se mantuvo constante una característica: se va a Dios sobre todo como persona individual.

En los estudios de nuestros expertos y en sus trabajos sobre el tema, se observa que –por lo menos en una primera visión general– una espiritualidad como ésta, de la unidad que pone el acento particularmente en la dimensión comunitaria de la vida cristiana, es la primera vez que aparece en la Iglesia.

Constatan que en el pasado ha habido experiencias muy cercanas a ella, sobre todo las nacidas de quien ponía al amor como fundamento de la vida espiritual.

Al respecto recordamos de manera especial a San Basilio, quien ponía como fundamento de la vida de su comunidad el primer mandamiento, referido al amor a Dios, y el segundo, referido al amor al prójimo. También tenemos presente, sobre todo, a San Agustín, para quien el valor supremo radicaba en el amor recíproco y la unidad. En efecto, es a él a quien nosotros nos sentimos particularmente cercanos.

No obstante el P. Jesús Castellano, por ejemplo, conocido experto en teología espiritual, dice que "en la historia de la espiritualidad cristiana se afirma: 'Cristo está en mí, vive en mí', que es la perspectiva de la espiritualidad individual, de la vida en Cristo; o bien se afirma: 'Cristo está presente en los hermanos', y se desarrolla la perspectiva de caridad, de las obras de caridad, pero en general falta el paso decisivo: descubrir que si Cristo está en mí, y en el otro, entonces Cristo en mí ama a Cristo que está en ti, y viceversa (...) y hay un dar y un recibir"[1]. (También el amor recíproco –agrego yo– es recomendado en distintas reglas de grandes fundadores[2]).

---

1. Castellano, J., *Carta a Chiara Lubich a propósito de la espiritualidad colectiva* (de la unidad) de la Obra de María, del 21 de junio de 1992.
2. Ver pp. 42-43 [N.d.E.].

Vamos a Dios juntos

"Existe también una espiritualidad comunitaria, eclesial, a cuerpo místico –continúa el P. Castellano–. (...) En general se habla de esta espiritualidad como de una característica actual, de una corriente de espiritualidad de nuestro siglo; siglo del redescubrimiento de la Iglesia. Pero ese 'algo más' que nos da el Movimiento con la espiritualidad colectiva es la visión y la praxis de una comunión, de una vida eclesial, 'a Cuerpo místico', en la cual se da la reciprocidad del don personal y la dimensión del llegar a ser 'uno'. Aún cuando, en los autores actuales, se encuentran intuiciones y afirmaciones sobre esta dimensión de la teología y de la espiritualidad, falta en ellos el modo concreto de proponer esto mismo como estilo de vida, y de encarnarlo en una experiencia, como la que hace el Movimiento: desde las cosas más simples como 'tener a Jesús en medio de nosotros'[3], que es lo máximo y lo mínimo, hasta las dimensiones más exigentes.

En la historia de las espiritualidades hay algunos ejemplos de experiencias de espiritualidad colectiva, de reciprocidad de la donación; pocos, a decir verdad. (...) Pero estas pocas experiencias no han sido propuestas como doctrina ni, mucho menos, como una espiritualidad para la vida cotidiana, al alcance de todos.

Por cierto, existe la espiritualidad centrada en la inhabitación trinitaria, pero a nivel individual. Normalmente no aflora en los autores la consecuencia de tal inhabitación como conciencia de una comunión entre personas que tienen la misma gracia. (...) No se llega a decir, como en el Movimiento de los focolares: si la Trinidad está en mí y en ti, entonces la Trinidad

---

3. La expresión manifiesta el compromiso, de los que viven la espiritualidad de la unidad, de realizar entre ellos el mandamiento nuevo de Jesús para que se verifique su promesa: "Donde hay dos o tres reunidos en mi nombre, yo estoy presente en medio de ellos" (*Mt* 18, 20). Ver pp. 48-53; ver también p. 27 [N.d.E.].

está entre nosotros, estamos en una relación trinitaria; (...) entonces nuestra relación es al modo de la Trinidad, es más, es la Trinidad que vive en nosotros esta relación"[4]. Hasta aquí el P. Castellano.

Lo exigen los tiempos

Al mismo tiempo, teólogos contemporáneos han previsto para nuestra época una espiritualidad comunitaria y la ha reclamado el Concilio Vaticano II.

Karl Rahner, hablando de la espiritualidad de la Iglesia del futuro, la imagina en la "comunión fraterna donde es posible hacer la misma esencial experiencia del Espíritu". Rahner afirma: "Las personas mayores hemos sido espiritualmente individualistas, debido a nuestro origen y nuestra formación. Si hay una experiencia del Espíritu hecha en común, comúnmente considerada como tal, (...) ésta es claramente la experiencia del primer Pentecostés en la Iglesia, un acontecimiento –se debe suponer– que no consistió en la reunión casual de una suma de místicos individualistas, sino en la experiencia del Espíritu hecha por la comunidad (...). Pienso –continúa Rahner– que en una espiritualidad del futuro podrá jugar un papel más determinante el elemento de la comunión espiritual fraterna, de una espiritualidad vivida juntos, y que lentamente pero decididamente se deba continuar por este camino"[5].

El Vaticano II, poniendo su atención en la Iglesia como cuerpo de Cristo y pueblo reunido en el vínculo de amor de la Trinidad, "modifica –escribe De Fiores– el planteo de la espiritualidad y de la pastoral en sentido eclesial. La salvación

---

4. Castellano, J., *Carta a Chiara Lubich*, op.cit.
5. Rahner, K., "Elementi di spiritualità nella Chiesa del futuro" (comp. T. Goffi - B. Secondin), en *Problemi e prospettive di spiritualità*, Brescia, 1983, pp. 440-441.

y perfección de la propia alma, en lo que tanto han insistido predicadores y autores espirituales, es liberada de la preocupación individualista. (...) Se siente la exigencia (...) de vivir intensamente los vínculos de fraternidad evangélica hasta formar comunidades del tipo de aquella primitiva descripta como ideal por los *Hechos de los Apóstoles*"[6].

El Santo Padre Pablo VI, cuando era todavía cardenal, dijo que en estos tiempos el episodio debe hacerse ya costumbre y que el santo extraordinario, aunque se lo siga venerando, debe ceder espacio, de alguna manera, a la santidad de pueblo, al pueblo de Dios que se santifica[7].

La nuestra es una era, entonces, en la que la realidad de la comunión sale a plena luz, en la cual se busca, además del Reino de Dios en cada alma, el Reino de Dios en medio de las personas.

Primeros síntomas de una espiritualidad colectiva

¿Cómo es, entonces, nuestra espiritualidad comunitaria? ¿Cuáles son sus características?

Veamos antes que nada cómo nació, veamos si en nuestra historia se advierten primeros episodios sintomáticos que la hacen presagiar.

Un síntoma revelador ya puede haber sido ese anhelo expresado bajo la furia de la guerra: si hubiéramos tenido que morir nuestro deseo compartido era el de que nos pusieran en una misma tumba con esta leyenda en la lápida: "Y nosotros hemos creído en el amor"" (*1 Jn* 4, 16).

---

6. De Fiores, S., "Spiritualità contemporanea", en *Nuovo Dizionario di Spiritualità*, Roma, 1978, p. 1535.

7. Cf. Montini, G.B. card., *Discorsi sulla Madonna e sui Santi* (1955-1962), Milán, 1965, pp. 499-500.

Esta fe en el amor fue lo que nos hizo comenzar la nueva vida amando a los pobres en las formas más variadas[8].

Una experiencia que muy pronto nos ha hecho ver con claridad la necesidad, para ser cristianas, de amar a cada hermano.

A partir de allí, encontrándonos todas nosotras, primeras focolarinas, empeñadas en amar al prójimo, vimos florecer la actuación del mandamiento nuevo y la decisión de cada una expresada en una especie de pacto: "Yo estoy dispuesta a morir por ti. Yo por ti. Yo por ti". Todas por cada una.

Un pacto que, con el pasar de los años, sería reconocido como la base sobre la cual se ha ido construyendo todo el Movimiento; pacto que puso de manifiesto lo que debía ser su naturaleza: el amor recíproco (hasta dar la vida) que daba origen a una espiritualidad colectiva.

Ése fue el acontecimiento fundamental de aquellos primeros días de nuestra vida. Esto trajo como consecuencia la comunión espiritual de nuestras experiencias y la comunión de bienes.

Y este amor recíproco tenía que llegar hasta el punto de hacernos uno, hasta hacernos experimentar la unidad.

---

8. "Se leía [en el Evangelio]: 'Cada vez que lo hicieron con el más pequeño de mis hermanos, lo hicieron conmigo' (cf. *Mt* 25, 40). Debido a las terribles circunstancias que vivíamos, la gente a nuestro alrededor tenía hambre, sed, había heridos, no tenían ropa, casa. Cocinábamos entonces grandes ollas de sopa que distribuíamos entre ellos. A veces los pobres llamaban a la puerta de casa y los invitábamos a sentarse junto con nosotras: un pobre y una de nosotras, un pobre y una de nosotras.

El Evangelio aseguraba: 'Pidan y se les dará' (*Mt* 7, 7; *Lc* 11, 9). Se pedía para los pobres y todas las veces nos veíamos colmadas de cosas de todo tipo: pan, leche en polvo, mermelada, leña, ropa... que se llevaba a quien lo necesitaba...

Un día un pobre pide un par de zapatos número cuarenta y dos. Una de nosotras, en la iglesia, delante del tabernáculo, eleva esta oración: 'Dame, Señor, un par de zapatos número cuarenta y dos para ti en el pobre'.

Apenas sale de la iglesia una mujer, amiga suya, le entrega un paquete. Lo abre: había un par de zapatos número cuarenta y dos. Y éste es sólo un ejemplo entre miles y miles" (Lubich, Chiara, *La dottrina spirituale*, Milán, 2002, p. 46) [N.d.E.]

Luego, el episodio del refugio[9] con la lectura del testamento de Jesús, que se nos presentó como la *carta magna* de lo que estaba por nacer.

Y el amor por el hermano era tan radical y total que nos hacía dejar de lado cualquier otro objetivo, hasta el de la santidad, como entonces se la entendía. Si nosotras, llamadas a un camino nuevo, la hubiéramos perseguido, no habríamos estado a salvo del amor propio, del egoísmo. La santidad personal habría emergido como consecuencia de nuestro vivir la unidad.

Luego las primeras ideas sobre la unidad fraterna.

Se remonta a 1947 una definición de la unidad, dada después de haberla probado:

"¡Oh, la unidad, la unidad! ¡Qué divina belleza! ¡No tenemos palabras humanas para expresar lo que es! Es Jesús".

Las exigencias del pasado

En los siglos pasados muchas veces se ha pensado ir a Dios a solas. Ésta es todavía consecuencia de aquel lejano período de la historia en el cual los cristianos, debilitado el fervor primitivo que había visto a la comunidad de Jerusalén estrecharse en un solo corazón y una sola alma, y pasadas las persecucio-

---

9. "Estábamos en 1943. Arreciaba la guerra también en Trento. Ruinas, escombros, muertos.
Por distintos motivos tomo contacto con jóvenes de mi edad.
Un día me encuentro con mis nuevas compañeras en un sótano oscuro, con una vela encendida y el Evangelio en la mano. Lo abro. Allí está la oración de Jesús antes de morir: 'Padre... que todos sean una sola cosa' (*Jn* 17, 11.21). No es un texto fácil para nuestra preparación, pero esas palabras parecen iluminarse una por una y nos ponen en el corazón la convicción de que hemos nacido para esa página del Evangelio" (*ibid.*, p. 44) [N.d.E].

nes, pensaron en salvar la propia fe refugiándose en el desierto. Es la época de los anacoretas.

Si bien esto salvó muchos principios cristianos y entre los anacoretas produjo también santos, muchas veces se perdió la idea del valor del hermano en la vida espiritual, o hasta se llegó a ver en el hombre como un obstáculo para llegar a Dios.

Apa Arsenio decía: "Huye de los hombres, y te salvarás"[10]. O bien: "No puedo estar contemporáneamente con Dios y con los hombres"[11].

Muchos siglos más tarde aún se encuentran enseñanzas semejantes. En el famoso libro *La imitación de Cristo*, se lee: "Los mayores santos evitaban, cuanto podían, la compañía de los hombres, y elegían servir a Dios en retiro. Dijo uno: 'cuantas veces estuve entre los hombre, volví menos hombre'. (...) El que se aparta de amigos y conocidos, estará más cerca de Dios y de sus ángeles"[12].

Espiritualidades "individuales", entonces, si bien el misterio del Cuerpo místico hace que nunca sean exclusivamente tales, dado que lo que sucede en una persona siempre tiene repercusiones en las demás. Y además, porque estos cristianos elevaban a Dios grandes oraciones y duras penitencias a favor de los hermanos.

Las necesidades del presente

Los tiempos han cambiado. En esta época el Espíritu Santo llama con fuerza a los hombres a caminar el uno junto al otro,

---

10. Mortari, L. (comp.), *Vita e Detti dei Padri del deserto*, Roma, 1975, p. 97.
11. Ibid., pp. 99-100.
12. *Imitación de Cristo*, I, XX, Trad. de Fray Luis de Granada, Buenos Aires, Ed. Difusión, 1953, pp. 51-54.

es más, a ser, con todos que lo deseen, un solo corazón y una sola alma.

Es el Espíritu Santo el que ha impulsado a nuestro Movimiento, veinte años antes del Concilio, a hacer este decidido vuelco hacia los hombres.

Según la espiritualidad de la unidad, a Dios se va pasando precisamente por el hermano.

"Yo – el hermano – Dios", se decía. Se va a Dios junto con el hombre, junto con los hermanos, es más, se va a Dios a través del hombre.

Instrumentos de las espiritualidades individuales

¿Cuál es, entonces, la diferencia entre una espiritualidad individual y una comunitaria o colectiva?

Las espiritualidades más definidamente individuales por lo general manifiestan determinadas exigencias en aquellos que están más comprometidos:

– La soledad y la fuga de las criaturas para alcanzar la unión mística con la Trinidad dentro de sí. Es el camino clásico de Teresa de Ávila que va en busca de unirse al Señor en el centro de su corazón, donde él tiene su morada.

– Para custodiar la soledad se exige el silencio.

– Para mantenerse apartados de los hombres se usan el velo y la clausura, además de un hábito particular.

– Para imitar la pasión de Cristo se hacen penitencias de lo más variadas, a veces durísimas, ayunos, vigilias nocturnas.

– Sometimiento a menudo a la obediencia a un superior.

– Se formulan también votos de castidad y pobreza.

– Largos retiros en la propia habitación a orar y meditar.

Instrumentos de la espiritualidad colectiva

El hermano

En el camino colectivo se conoce también la soledad y el silencio, para escuchar bien la voz de Dios en el propio corazón; para realizar la invitación de Cristo a encerrarse en la propia habitación a orar y ahondar en la unión con Dios, como él mismo hacía sobre el monte; para evitar palabras inútiles... y se huye de los demás si conducen al pecado, pero en general a los hermanos se los recibe, se ama a Cristo en el hermano, en todos y cada hermano. Cristo que puede estar vivo en él o puede renacer también con la ayuda que le ofrecemos. Se quiere estar unido con él en el nombre de Cristo, de manera de garantizar su presencia en medio de nosotros (cf. *Mt* 18, 20).

En las espiritualidades individuales se está como en un magnífico jardín (la Iglesia) y se observa y admira sobre todo una flor: la presencia de Dios dentro de nosotros. En una espiritualidad colectiva se aman y admiran todas las flores del jardín, toda presencia de Cristo en las personas. Y se la ama como a la propia.

Pero dado que tampoco el camino comunitario es ni puede ser solamente tal, sino que es también plenamente personal (tenemos que pensar que nos presentaremos solos ante el juicio de Dios), la experiencia general es que, cuando uno se encuentra solo, después de haber amado a los hermanos, se advierte en el alma la unión con Dios. En efecto basta, por ejemplo, tomar un libro para hacer meditación, que él en nuestro corazón quiere que hablemos.

Por eso se puede decir que quien se dirige al hermano de manera correcta, es decir, evangélica, amando como enseña el Evangelio, se reencuentra más Cristo, más hombre.

La palabra

Dado que se trata de estar unido con los hermanos, se ama de modo especial la palabra, que es medio de comunicación.

En el Movimiento se habla para "hacerse uno"[13] con los hermanos con la "técnica de la unidad"[14], hasta que el hermano o los hermanos, plenamente convencidos de ser amados, encuentran a su vez el valor de amar y entran también ellos en el camino colectivo.

Los responsables hablan con los otros miembros en coloquios personales, para garantizar que perseveren en el camino de la perfección (el que no avanza, retrocede), para esclarecer, aconsejar, instruir, esperando siempre que en el vacío de sí mismo sea el Espíritu Santo el que sugiera la palabra justa para esa persona en ese momento.

Se habla en cada comunidad para comunicarse las propias experiencias sobre la puesta en práctica de la Palabra de vida[15] o sobre la propia vida espiritual, conscientes de que si el fuego no se comunica, se apaga, y que esta comunión de alma es de gran valor espiritual. San Lorenzo Justiniano lo explica de una manera muy bella: "No hay nada en el mundo que dé más gloria a Dios y lo muestre más digno de alabanza, que el humilde y fraterno intercambio de dones espirituales: estos dones son los que justamente fortalecen la caridad, no pudiendo florecer en soledad. (...) Es (...) mandato del Señor ejercer siempre esta

---

13. Es la actitud de la cual habla San Pablo, que consiste en compartir la situación gozosa o dolorosa, gustos, mentalidad, etc., del prójimo: "Me hice débil con los débiles, para ganar a los débiles. Me hice todo a todos..." (*1 Cor* 9, 22) (ver p. 40) [N.d.E.].

14. Se trata de esa serie de comportamientos, derivados del Evangelio y de San Pablo, que la autora ha sintetizado en estos puntos: "Amar a todos; Amar tomando la iniciativa; Amar como a sí mismos; Hacerse uno; Amar a Jesús en el prójimo". A esta síntesis se la ha llamado "arte de amar" y, visto su resultado final, dado que conduce a la unidad, inicialmente se la denominó "técnica de la unidad" [N.d.E.].

15. Palabra de vida (cf. *Fil* 2, 16) es una frase del Evangelio que periódicamente se trata de ahondar y vivir en el Movimiento (ver pp. 39-41) [N.d.E.].

virtud, mediante la palabra y la obra, hacia nuestros hermanos. Por eso, si no quieren ser transgresores de su ley y juzgados como almas que desprecian por descuido la salvación de los hermanos, los que han recibido gracias del cielo deben poner todo su esfuerzo en volcar sobre los demás esos dones divinos que les fueron comunicados, especialmente los dones que pueden ayudarlos en el camino de la perfección"[16].

Se habla en la "hora de la verdad", cuando los hermanos se ayudan recíprocamente con las propias observaciones negativas o positivas, a hacerse santos juntos[17].

Se habla en las grandes o no tan grandes manifestaciones para mantener encendido el fuego del amor a Dios y alcanzar así las finalidades de la Obra.

Y cuando no se habla, se escribe: se escriben cartas, artículos, libros, diarios para que el Reino de Dios avance en los corazones. Se usan todos los medios modernos de comuniciación.

Pero cualquier forma de hablar, o escribir, tiene que ser siempre un hablar de cielo, en función de la vida sobrenatural, según la exhortación de Pablo: "Busquen los bienes del cielo (...); tengan el pensamiento puesto en las cosas celestiales y no en las de la tierra" (cf *Col* 3, 1-2).

Por eso, todo lo que no se ubica en esta línea debe ser mortificado con decisión.

Las penitencias y los votos en función de la unidad

En la espiritualidad colectiva no hay velos, ni rejas, ni un modo de vestir particular que nos distingan de los demás, a

---

16. Justiniano, San Lorenzo, *Disciplina e perfezione della vita monástica*, Roma 1967, p. 4.
17. Esta práctica encuentra su origen primero en la perspectiva de la corrección fraterna contenida en el Evangelio (*Mt* 18, 15-17) [N.d.E.].

menos que ésa no sea la voluntad de Dios particular para nosotros, especialmente si pertenecemos a alguna orden religiosa. En general, para no separarnos de los hermanos, vestimos como los demás de acuerdo al ambiente, "mimetizándonos" con los demás para que nuestro a amor llegue a todos sin obstáculos.

También en el Movimiento se practican las mortificaciones indispensables a toda vida cristiana, se hacen penitencias, sobre todo las aconsejadas por la Iglesia, pero se les tiene un aprecio particular a las que ofrece la vida de unidad con los hermanos. Esta vida, como sabemos, no es fácil debido al "hombre viejo"[18], como lo llama San Pablo, siempre dispuesto a abrirse camino dentro de nosotros.

Por otra parte, la unidad fraterna no se alcanza una vez para siempre; siempre hay que volver a construirla. Y así como cuando hay unidad, y por ella está la presencia de Jesús en medio de nosotros y se prueba la inmensa alegría de la promesa de Jesús en su oración por la unidad, del mismo modo cuando se desvanece la unidad se insinúan las sombras, la desorientación. Se vive en una especie de purgatorio. Y ésta es la penitencia que tenemos que estar dispuestos a afrontar.

Aquí es donde tiene que entrar en acción el amor a Jesús crucificado y abandonado, clave de la unidad[19]; aquí es cuan-

---

18. En el sentido paulino de hombre esclavo de propio egoísmo (cf. *Ef* 4, 22) [N.d.E.].
19. El grito de Jesús crucificado: "Dios mío, Dios mío, ¿por qué me has abandonado?" (*Mc* 15, 34; *Mt* 27, 46) es central en la espiritualidad de Chiara Lubich. Él, que había hecho la experiencia de la separación de los hombres de Dios y entre ellos, y fue capaz de superar esa inmensa prueba volviendo a abandonarse en el Padre (cf. *Lc* 23, 46) , se le manifestó a ella como la clave de la unidad. En efecto, reconociendo su rostro en cada dolor personal o colectivo, abrazándolo con todo el corazón y poniéndose inmediatamente a hacer la voluntad de Dios del momento, Chiara Lubich encontró el camino para pasar continuamente de la muerte a la vida y para realizar en todas partes la unidad, en la cual está presente el Resucitado que hace experimentar los frutos de su Espíritu (ver también p. 44) [N.d.E.].

do, por amor a él, resolviendo antes que nada todo dolor en nosotros mismos, se realiza cualquier esfuerzo que sea necesario para recomponer la unidad.

El Espíritu Santo nos instruyó muy pronto en esta penitencia típica nuestra.

Se escribía en 1945:

"No tengan miedo de padecer (...) Pero busquen el sufrimiento que les ofrece la voluntad de Dios, (...) esa voluntad de Dios que es amor recíproco –el mandamiento nuevo– la perla del Evangelio.

(...) ¡Entonces, atraídas todas por la cruz, trabajarán para fundir en un solo bloque vuestra pequeña comunidad y con esto dar la mayor gloria a Dios! Entonces Dios vivirá entre ustedes; lo sentirán. Gozarán de su presencia: ¡les dará su luz, las inflamará de su amor! Pero para que esto suceda es necesario que ustedes se consagren a él Crucificado".

Por lo que se refiere a los votos, en el Movimiento hay quienes los formulan. Pero si bien para ellos el voto tiene, como para todos, un fin ascético (mortificación del propio yo con la obediencia, de la propia carne con la castidad, del desapego de los bienes con la pobreza), tiene además un significado particular sugerido por la espiritualidad colectiva: sirve también decididamente para sostener la unidad, sirve a la comunidad. El de obediencia, para dar mayor garantía a la unidad con los superiores; el de castidad, para tener un corazón puro, apto para amar a Jesús en cada prójimo; el de pobreza, para estar dispuestos a realizar con los hermanos la comunión de los bienes.

La oración comunitaria

También en el Movimiento se reza y se aprecia particularmente la oración litúrgica, como la Santa Misa con la santísima Eucaristía, porque es oración de la Iglesia. Todo se puede dejar de lado en caso de dificultad, pero nunca la Santa Misa.

Entre nosotros es característica la oración colectiva enseñada por Jesús, la que nosotros llamamos *consenserint* porque se funda en su palabra: "Si dos de ustedes se unen en la tierra para pedir algo, mi Padre que está en el cielo se lo concederá" (*Mt* 18, 19).

Además, cuando se medita, se lo hace sobre la Sagrada Escritura, o sobre escritos referidos a nuestra espiritualidad, pero luego, en el momento oportuno, se comunica a los hermanos el fruto de nuestra meditación, ya que hay que buscar la santidad del otro como la propia.

En el Movimiento se hacen también días de retiro y ejercicios espirituales. En el programa se tocan argumentos espirituales, para meditar en silencio y en soledad, pero también conversaciones y comunicaciones fraternas para la edificación común.

Jesús en medio de nosotros

El cristiano, en los caminos más definidamente individuales, necesita seguir cierta gradualidad para amar a Dios; es necesario que vaya pasando de un escalón a otro para ir subiendo la montaña de la perfección.

El camino colectivo también tiene sus pasos progresivos, pero es como si pusiera al cristiano enseguida en la cumbre, en lo alto. Es la presencia de Jesús en medio[20] que lo exige, porque Jesús que vive en medio y en cada uno no puede encontrarse a mitad de camino: él siempre es perfecto. Si crece, crece en perfección.

En el camino colectivo, al estar ya en lo alto, se camina a lo largo de la divisoria de aguas, superando todas las pruebas pequeñas o grandes con Jesús crucificado y abandonado, hasta llegar a la meta que Dios nos ha señalado.

20. Ver pp. 48-53 [N.d.E.].

Para nosotros, que transitamos el camino de la unidad, la presencia de Jesús en medio de los hermanos es esencial.

Para no correr el riesgo de nuestro fracaso personal tenemos que reanimar siempre su presencia en todos nuestros centros y en nuestras comunidades. Y si la voluntad de Dios quisiera que estuviéramos dispersos y solos en el mundo, mientras nos sostenemos con el amor a Jesús crucificado y abandonado, tenemos que buscar toda ocasión para establecer su presencia con algún hermano de Ideal[21]. Es la única manera de tener siempre la luz, la fuerza, la paz y el ardor.

Jesús en medio es el que trae ese *algo más* que caracteriza nuestro carisma. Así como dos polos de la luz eléctrica, aunque tengan corriente, no producen luz hasta que no se unen, pero la producen apenas entran en contacto, lo mismo sucede con dos personas que experimentan la luz típica de nuestro carisma hasta que no se unen en Cristo mediante la caridad.

Jesús en medio no es un hecho que se puede verificar cada tanto, es la naturaleza de nuestra vida, debe estar siempre. No es sólo un punto de llegada, es también un punto de partida: "Por sobre todo tengan entre ustedes una gran caridad" (*1 Ped* 4, 8).

Para nosotros todo tiene significado y valor, en el apostolado, en el estudio, en el trabajo, también en la oración y en la tensión a la santidad, si con los hermanos tenemos la presencia de Jesús en medio, que es "la norma de las normas"[22] de nuestra vida.

Nosotros alcanzaremos la santidad si vamos a Dios marchando en unidad.

---

21. Todavía bajo la guerra, Chiara Lubich le dio el nombre de "Ideal" a esa luz de la cual se sentía invadida y que le parecía que venía de lo alto. El término también se refiere, por lo tanto, a todas esas ideas que sirvieron a la fundación y la vida del Movimiento de los focolares. Tienen que ver tanto con su espiritualidad como con su estructura [N.d.E.].

22. La autora se refiere al principio, vital en el Movimiento, de dar siempre el

El "castillo exterior"

Santa Teresa de Ávila, doctora de la Iglesia, habla de un "castillo interior": la realidad del alma habitada en el centro por Su Majestad, que se va descubriendo e iluminando por completo durante la vida a medida que se superan las distintas pruebas. Ésta es una de las cumbres más altas de santidad en un camino donde prevalece lo personal, por más que luego ella llevaba consigo a esta experiencia a todas sus hijas.

Pero ha llegado el momento –por lo menos ésta es nuestra vocación–, de descubrir, iluminar, edificar, además del "castillo interior", también el "castillo exterior".

Nosotros vemos a todo el Movimiento como un castillo exterior, donde Cristo está presente e ilumina cada parte del mismo, desde el centro hasta la periferia.

Ahora bien, si pensamos que esta nueva espiritualidad que Dios dona hoy a la Iglesia llega también a responsables de la sociedad y de la Iglesia, se comprende enseguida que este carisma no sólo de nuestra Obra, sino también del cuerpo social y eclesial tiende a hacer un castillo exterior.

---

primer lugar al amor recíproco, en cualquier cosa. Principio que luego se tradujo en la Premisa de los Estatutos Generales de la Obra de María y de los Reglamentos de sus ramas, en estos términos: "La mutua y continua caridad, que hace posible la unidad y trae la presencia de Jesús a la colectividad, es, para quienes forman parte de la Obra de María, la base de su vida en cualquiera de sus aspectos: es la norma de las normas, la premisa de toda otra regla" [N.d..E.].

2. LOS PUNTOS FUNDAMENTALES

Comenzaremos por hacer un recorrido por los distintos puntos de nuestra espiritualidad colectiva que hoy figuran en nuestros Estatutos[1] y por lo tanto expresan, para nosotros, la voluntad de Dios, con el fin de vivirlos con mayor conciencia y más profunda responsabilidad. Lo hacemos con un claro objetivo: alabando a Dios, que nos los ha dado en un tiempo en que el mundo que nos rodea los necesitaba; querríamos mostrar cómo cada uno de ellos es justamente manifestación de una espiritualidad colectiva, un pilar de ella. Trataremos de ver, por eso, en qué medida exige, a quien los pone en práctica, ese *algo más* propio de la espiritualidad colectiva, es decir, la reciprocidad del amor y la unidad.

Analizaremos estos puntos tal como nos parece que los ha sugerido el Espíritu Santo a partir de las primeras ocasiones en que nos los hizo ver iluminados con su luz.

Para ello nos serviremos de nuestros escritos, cartas, etc., sobre todo de los primeros tiempos del Movimiento.

Dios Amor: fuente originaria de unidad

Dios Amor: es el primer punto de nuestra espiritualidad. Hoy, a décadas de distancia del primer manifestarse de Dios

---

1. Estatutos Generales de la Obra de María, art. 8 [N.d.E.].

Amor, se ve la importancia primordial del regalo que ha sido entonces, no sólo para nosotras, primeras focolarinas, sino para los millones de personas que luego han encontrado el Movimiento, y cuánto lo sea para la humanidad de nuestra época.

Con una nueva lectura de ese acontecimiento, en su contexto histórico, se comprende también cuánta necesidad había de ello.

No sólo pesaba entonces la dramaticidad de la segunda guerra mundial, que sembraba destrucción y muerte, sino que más interiormente pesaba también una visión ateísta y secularizada de la vida y del mundo, que se había ido formando paulatinamente para desembocar en la negación absoluta de Dios y, por consecuencia, del hombre, o en la dolorosa búsqueda del sentido de la propia existencia y, de cualquier manera, en la crítica de una imagen de Dios visto como inmóvil, impasible, lejano.

Ya no seguía tan viva, entonces, en la conciencia de los cristianos, y por lo tanto en su modo de pensar y actuar, aquella realidad de Dios Amor que el apóstol Juan había anunciado. Mucho menos presente estaba, además –por lo menos en Occidente–, la rica doctrina que habían desarrollado sobre este misterio central de nuestra fe los Padres de la Iglesia, como Agustín, Basilio, Gregorio de Niza, Máximo el Confesor, etc., y grandes teólogos como, en el medioevo, Bernardo de Chiaravalle, Tomás de Aquino, Buenaventura, Duns Scoto, etc.

Hay que reconocer que había páginas estupendas en las que innumerables santos, místicos y místicas de la Iglesia de Oriente y de Occidente, nos daban a conocer su unión con Dios y la experiencia de su infinito amor. Pero, si bien confirmaban e ilustraban una profundización progresiva que, guiada por el Espíritu Santo, la Iglesia había ido haciendo de la realidad de Dios amor y no dejaban de ser un precioso alimento espiritual para cualquier época, sin embargo reflejaban –como ya lo hicimos notar en conversaciones anteriores– una espiritualidad preferentemente individual, y que, por lo tanto, no se adecuaba a las nuevas exigencias de nuestro tiempo; un tiempo caracterizado por el intensificarse de las relaciones interpersonales y de la interdependencia entre los pueblos.

La primera chispa

Precisamente en este contexto fue que el Señor, con el carisma de la unidad, nos reveló nuevamente a Dios como Amor, encendiendo de esta manera lo que el Santo Padre Juan Pablo II definió: "la primera chispa inspiradora"[2].

Debo decir que en mi fe, dada la particular formación cristiana que había recibido, estaba predispuesta a aceptar la realidad de Dios como Amor. Pero, lo que hizo que esa realidad estallara fue, entre otras circunstancias que en esos días la reclamaban con fuerza, una expresión que –como se sabe[3]– alguien me dirigió: "Dios la ama inmensamente", y que –creo importante destacarlo– no se detuvo solamente en mí. ¡Al contrario! Enseguida pasó a ser patrimonio común.

"Lo digo –así escribía entonces–, lo repito a mis compañeras: 'Dios nos ama inmensamente', 'Dios te ama inmensamente'. A partir de ese momento nosotras, primeras focolarinas,

---

2. *Insegnamenti di Giovanni Paolo III*, Librería Editorial Vaticana, VII, Roma, 1984, pp. 223-225.
3. Episodio muy conocido en el ámbito interno del Movimiento, que la autora ha narrado en repetidas ocasiones: "En aquellos días un sacerdote me pidió que ofreciera a Dios algún momento de mi jornada diaria. Llevada por la generosidad juvenil, le respondí: '¡Incluso el día entero!'. El sacerdote, impresionado, me hizo arrodillar, me dio la bendición y me dijo: "Dios la ama inmensamente. Estas palabras dichas por un hombre al cual Dios le ha dado autoridad espiritual sobre los demás, tuvieron sobre mí un efecto muy grande. Lo que como cristiana había aprendido desde pequeña, es decir, que Dios es Amor, que él me conoce, que –como dice Jesús– tiene contados hasta los cabellos de mi cabeza, entró en mi mente, y aún más en mi corazón, de una manera totalmente nueva, como una fulguración: '¡Dios me ama! ¡Dios es Amor!'" (Lubich, Chiara, *Encuentros con Oriente*, Madrid, Ciudad Nueva, 1987, pp. 21-22) [N.d.E.].

íbamos descubriendo a Dios presente con su amor en todas partes: en nuestros días, en nuestros impulsos, en nuestros propósitos, en los acontecimientos gozosos y reconfortantes, en las situaciones tristes, escabrosas, difíciles.

Él estaba siempre, estaba en todas partes y nos explicaba que todo es amor: lo que éramos y lo que tenía que ver con nosotras; que éramos hijas suyas y él era Padre para nosotras; que nada escapaba a su amor, ni siquiera los errores que cometíamos, porque él los permitía; que su amor envolvía a los cristianos como nosotros, a la Iglesia, al mundo, al universo.

Algo nuevo había brillado con la luz de un relámpago en nuestra mente: Dios es Amor. Y esta novedad absoluta nos volvía conscientes de que Dios ya no estaba lejos, inaccesible, ajeno a nuestra vida, sino que, al contrario, él me buscaba y llegaba a mí, a nosotras, con la inmensidad de su amor. Dios Amor iba emergiendo así como la realidad más real y verdadera que cualquier otra realidad. Y, mientras la guerra remarcaba la transitoriedad y precariedad de todas las cosas, nosotras lo elegíamos a él como Ideal de nuestra vida.

La respuesta que Dios suscitó en esas primeras focolarinas fue, por consiguiente, inmediata y significativa.

En una carta de 1944, que nos trasmite el clima de esos primeros meses, se describe la irrupción de luz y de fuego con que Dios Amor se hizo presente, entonces, en nuestra vida y –esto es interesante– allí ya se intuye el profundísimo vínculo que esto provocará entre nosotras:

"Tú has sido, junto conmigo, encandilada por la luminosidad incandescente de un Ideal que todo lo supera y todo lo contiene: ¡Por el amor infinito de Dios!

Él, mi Dios y tu Dios, es el que ha establecido entre nosotras un vínculo más fuerte que la muerte (...)".

En Dios Amor, por lo tanto, estaba viva la fuente de esa unidad que la Obra de María está llamada a vivir y a irradiar entre los hombres, para contribuir a la realización del testamento de Jesús. Nuestra espiritualidad, que ya estaba caracterizada por la unidad y se preanunciaba, por lo tanto, como una espiritualidad colectiva, comienza con el creer en el amor de Dios, que él mismo nos hizo "conocer" ("Nosotros hemos creído en el amor que Dios nos tiene, y hemos creído en él", *1 Jn* 4, 16).

Cuanto más nos acercamos a Dios, más nos acercamos entre nosotros

Luego, otro punto es *la voluntad de Dios*. A Dios, que nos ama inmensamente, respondemos tratando de amarlo inmensamente. Nosotros no tendríamos sentido en el mundo si no fuéramos una pequeña llama de ese infinito brasero: amor que responde al Amor.

Pero, ¿cómo?

"¡Ámenlo! –escribía en una carta de 1943–. Escuchen lo que él quiere de ustedes en cada momento de su vida.

Háganlo con todo el ardor de su corazón (...)".

Por eso, para amar a Dios, hacer su voluntad.

Desde los primeros años de nuestra nueva vida nos figuramos nuestro vivir la voluntad de Dios con la imagen del sol y de los rayos, como se la describe en otro texto:

"Mira el sol y sus rayos.

El sol es símbolo de la voluntad divina, que es el mismo Dios.

Los rayos son esa divina voluntad sobre cada uno.

Camina hacia el sol en la luz de tu rayo, diverso y distinto de todos los otros, y realiza el maravilloso, particular plan que Dios tiene para ti.

Infinito número de rayos, todos partiendo del mismo sol: única voluntad, particular para cada uno.

Los rayos, cuanto más se acercan al sol, más se acercan entre sí.

También nosotros (...), cuanto más nos acercamos a Dios con el cumplimiento cada vez más perfecto de la voluntad divina, tanto más nos acercamos entre nosotros... hasta que todos seamos uno"[4].

Todos uno. El hacer cada uno la voluntad de Dios nos hace a todos uno.

Por eso, para ser todos uno, nos exhorta a decir enseguida el propio "Sí" fortísimo, total, activísimo a la voluntad de Dios.

"Digamos, con todo el ardor de nuestro corazón, 'Sí', siempre, a la voluntad de Dios. (...).

¡Si todas hacemos la voluntad de Dios, muy pronto seremos *esa perfecta unidad* que Jesús quiere en la tierra como en el Cielo! (...)

Esto es lo que les invito a hacer, a todas. Porque sobre cada una Dios tiene una magnífica estrella, su voluntad particular para cada una de nosotras, y si la seguimos ¡llegaremos *unidas* al Paraíso y veremos caminar muchas otras estrellas detrás de nuestra luz!"[5].

"Cuando (...) la voluntad de Dios se haga en la tierra como en el Cielo, el Testamento de Jesús habrá llegado a su cumplimiento"[6].

También este segundo punto fundamental de nuestra espiritualidad –hacer la voluntad de Dios– que a primera vista podría parecer expresión de una espiritualidad individual– nos es revelado por nuestro carisma con una acentuada dimensión colectiva, un *algo más* con respecto a las otras espiritualidades, en las que el aspecto individual parece prevalecer por sobre lo comunitario.

---

4. *Id.*, *Escrito*, 27/10/1947.
5. Lubich, Chiara, *Carta*, Navidad 1946; cf. *Id. El sí del hombre a Dios*, en *Id.*, *Escritos Espirituales*/4, Madrid, Ciudad Nueva, 1997, pp. 277-278
6. *Id.*, *Escrito*, 27/10/1947, op.cit.

En efecto, por lo general en ellas cada cristiano, cumpliendo cada vez con más perfección la voluntad divina, puede llegar a la unión con Dios, hasta la cima de su transformación en Cristo[7].

En nuestra espiritualidad, nacida del carisma de la unidad, se tiene conciencia de que, viviendo la voluntad de Dios, no sólo nos volvemos cada vez más uno con Dios, sino también entre nosotros. Por lo tanto, nos transformamos tanto individual como colectivamente en Cristo.

Este vínculo entre la voluntad de Dios y la unidad encuentra su confirmación en un hermoso pasaje de San Pedro Crisólogo:

"'Que se haga tu voluntad en la tierra como en el cielo' (*Mt* 6, 10). Como en el cielo, así también en la tierra. Entonces todo será cielo; entonces la única mente de Dios guiará a todos; entonces todos (serán) en Cristo y Cristo (será) en todos, cuando todos gustarán y cumplirán la voluntad de Dios solo. Entonces *todos serán una sola cosa, es más, uno solo (Cristo) todos (...)*"[8].

Amar y ser amados

Tercer punto: *el amor al prójimo*. La voluntad de Dios es Dios, y Dios es amor. Su voluntad, por lo tanto, es amor, y es que también nosotros amemos. Lo amemos a él con todo el corazón, con toda el alma, con toda la mente, y al prójimo como a nosotros mismos (cf. *Mt* 22, 37–39).

---

7. Cf. Santa Teresa de Jesús, "Camino de perfección", en *Obras Completas*, Roma, 1958, p. 704; San Juan de la Cruz, "Subida del Monte Carmelo", II, 5, 3-4, en *Vida y Obras de San Juan de la Cruz*, Madrid, B.A.C., 1946, pp. 578-579; *Id.* "Llama de amor viva" 3, 68, en *Obras completas*, Roma, 1979, pp. 1028.
8. Crisólogo, Pedro, *Homilías*, 72: PL 52, 406.

También nosotros, en la vida, teníamos que ser amor: pequeños soles junto al Sol.

Si bien en esa época la palabra "amor" se usaba por lo general para designar el sentimiento natural entre un hombre y una mujer, o el erotismo –y no se la solía usar en el lenguaje religioso, donde se prefería el término caridad, incluso muchas veces con el significado reductivo de limosna–, la particular manifestación de Dios Amor que habíamos tenido, y el contacto directo con la Palabra de Dios, nos había vuelto a poner en claro su significado cristiano.

Es más, enseguida intuimos que el amor era el corazón del mensaje cristiano, que por lo tanto era un deber absoluto ponerlo en práctica.

Comenzamos por amar a los pobres, pero muy pronto, gracias a esta práctica –dado que el amor ilumina–, se comprendió que había que dirigirlo a todos.

¿Cómo? Sirviendo, se decía. "Sirviendo", que el Espíritu nos explicó muy pronto con dos palabras: "Hacerse uno".

"Hacerse uno –se lee en un escrito– con toda persona que encontremos: compartir sus sentimientos; cargar sus pesos; sentir en nosotros sus problemas y resolverlos como cosa nuestra, hecha nuestra por el amor.

Hacerse uno con los otros en todo, a excepción del pecado. Es el "hacerse todo a todos" de San Pablo (cf. *1 Cor* 9, 22).

Este "hacerse uno" exige la muerte continua de nosotros mismos. Pero es precisamente por eso que el prójimo, así amado, tarde o temprano es conquistado por Cristo, que vive en nosotros sobre la muerte de nuestro yo"[9].

Pero, cuando las cosas están así, el hermano responde a nuestro amor con su amor. Y entonces el amor al prójimo desemboca en la reciprocidad.

---

9. Cf. Lubich, Ch., *L'ansia del nostro tempo*, en "Città Nuova", 26 (1982), 18, p. 38.

"En cuantos prójimos encuentres durante tu jornada, desde el alba hasta la noche —encontramos escrito— en otros tantos tienes que ver a Jesús.

Si tu ojo es simple, el que mira en él es Dios. Pero Dios es Amor y el amor quiere unir, conquistando. (...)

Mira fuera de ti: no en ti, no en las cosas, no en las criaturas: mira a Dios fuera de ti para unirte a él.

Él está en el fondo de toda alma que vive y, si está muerta, es el tabernáculo de Dios que la espera para felicidad y expresión de la propia existencia.

Mira entonces a todo hermano amando y el amar es dar. Pero el dar llama a dar y volverás a ser amado.

Así el amor es amar y ser amado: como en la Trinidad.

Entonces Dios en ti arrebatará los corazones, encendiendo allí la Trinidad que en ellos reside a lo mejor por la gracia, pero está apagada. (...)

Mira por eso a todo hermano dándote a él para darte a Jesús y Jesús se dará a ti. Es ley de amor: 'Den y se les dará' (*Lc* 6, 38).

Déjate poseer por él (por el hermano) —por amor a Jesús—; déjate "comer" por él, como otra Eucaristía; pon todo al servicio de él, que es servicio a Dios, y el hermano vendrá a ti y te amará. (...)

El amor es un fuego que compenetra los corazones en fusión perfecta.

Entonces en ti ya no te encontrarás a ti, no encontrarás ya al hermano: encontrarás al Amor que es Dios viviente en ti.

Y el Amor saldrá a amar a otros hermanos porque, simplificado el ojo, se volverá a encontrar a sí mismo en ellos y *todos serán uno* (...)"[10].

Y "todos serán uno". Por eso, no un amor cualquiera, sino el amor que lleva a la unidad.

---

10. *Id.*, *Escrito*, noviembre de 1949.

Por lo tanto, reciprocidad y unidad es el *algo más* de nuestra espiritualidad colectiva en otro de sus puntos.

Palabras vivas para ser uno

La *Palabra de vida*: cuarto punto. Una vez descubierta la unicidad y la universalidad de las Palabras de Dios –desde aquellos primeros tiempos en los refugios (antiaéreos)– se nos despertó el deseo de traducirlas en vida una por una. Fue así como se inició esa práctica que se sigue manteniendo todavía hoy, después de más de cincuenta años, y que no se agotará nunca.

En 1948 escribíamos:

"Hemos comprendido que el mundo tiene necesidad de una cura de (...) Evangelio, porque sólo la Buena Nueva le puede volver a dar esa vida que le falta.

Es por eso que nosotros vivimos la *Palabra de vida*. (...).

La *encarnamos* en nosotros hasta el punto de ser esa Palabra viviente.

En el Evangelio, vale tanto una Palabra como otra, porque contiene la Verdad, como un pedacito de hostia consagrada contiene a Jesús.

Bastaría una palabra para santificarse, para ser otro Jesús.

Además, todos la podemos vivir, cualquiera sea nuestra vocación, de cualquier edad, sexo, condición que seamos, porque Jesús es Luz para todo hombre que llega a este mundo. (...)

Así, y nada más que así: haciendo la verdad, ¡amamos! De lo contrario el amor es un sentimiento vacío. (...)

¡Seamos Evangelios vivientes, Palabras de vida, otros tantos Jesús! (...) e imitaremos a María Santísima, la Madre de la Luz, del Verbo; el Verbo viviente.

Nosotros no tenemos otro libro más que el Evangelio, no tenemos otra ciencia, otro arte.

¡Allí está la Vida!

Quien la encuentra, no muere"[11].

Pero muy pronto se entrevió que la vida de la Palabra nos hace uno entre nosotros.

"Y aunque estemos lejos, unos en la montaña y otros en el mar, una Luz nos ligará, imperceptible a los sentidos y desconocida para el mundo, pero amada por Dios (...) más que cualquier otra cosa: la Palabra de vida".

Podemos *ser uno* sólo si nos comprometemos a ser cada uno otro Jesús: otra Palabra de Dios viviente"[12].

Valiéndonos entonces del ejemplo del injerto de las plantas, donde las dos partes descortezadas, porque están "vivas", se vuelven una sola cosa, afirmábamos:

"¿Cuándo pueden, dos almas, consumarse en uno? Cuando estén "vivas", es decir, cuando estén "descortezadas" de lo humano, (...) y mediante la Palabra de vida vivida, encarnada, sean Palabras Vivas. Dos Palabras Vivas pueden llegar a ser plenamente uno. Si una no está Viva, la otra no puede unirse"[13].

Pero el *algo más* de este punto de nuestra espiritualidad colectiva, es decir, la reciprocidad y la unidad, emergen en forma evidente cuando se considera el modo que teníamos de vivir las Palabras y que seguimos practicando también hoy.

A nosotros no nos bastaba vivirla por cuenta propia.

No: después de haberlas vivido, necesitábamos comunicarnos recíprocamente nuestras experiencias fraternalmente. Es así como el miembro del Movimiento se evangeliza, es decir, se transforma en otro Jesús, tanto por el empeño que pone en este vivir, como por el esfuerzo que hace para recibir en sí la luz, la experiencia del otro. De manera que nos evangelizamos en cuanto individuos y en cuanto comunidad: somos cada vez más Jesús individual y colectivamente.

---

11. *Id.*, *Carta*, 17 de agosto de 1948.
12. *Id.*, *Carta*, fines de junio de 1949.
13. *Id.*, *Carta*, 23 de octubre de 1948.

La ley del Cielo

El *amor recíproco*: quinto punto. Como ya hemos visto, por el amor al hermano, por el hacerse uno con él, surgió entre las primeras focolarinas el amor recíproco, el corazón del Evangelio: "Así como yo los he amado, ámense también ustedes los unos a los otros" (*Jn* 13, 34).

Ese "como yo los he amado", tomado al pie de la letra, con la disposición declarada de estar dispuestas a dar la vida la una por la otra, a ceder cualquier cosa por el hermano como hizo él en el abandono, donde por nosotros perdió hasta el sentido de su unión con Dios –y de esto hablaremos más adelante–, hizo de éste el mandamiento típico de la espiritualidad colectiva, porque contenía en sí mismo ese *algo más* que ella exige: la reciprocidad y, como veremos, también la unidad.

En la historia de la Iglesia, en otras reglas, este mandamiento ya había sido evocado otras veces por los santos fundadores y sus discípulos.

La regla de San Agustín, por ejemplo, dice: "En primer término, ya que con este fin se han congregado en comunidad, vivan en la casa unánimes y tengan una sola alma y un solo corazón orientados hacia Dios"[14].

La de San Benito:

"(...) anticípense a honrarse unos a otros (...) préstense obediencia a porfía mutuamente; nadie busque la que juzgue útil para sí, sino más bien para los demás, practiquen la caridad fraterna castamente (...)"[15].

Y la de San Francisco:

"Ámense recíprocamente, como dice el Señor: 'Éste es mi mandamiento: que se amen recíprocamente como yo los he amado a ustedes'. Y muestren con las obras el amor que hay

---

14. San Agustín, *Regla y Constitución de los hermanos de la Orden de San Agustín*, 1, 3, Madrid, Colaboración, 1991, p.11.
15. San Benito, *Su vida y regla*, Madrid, 1954, p. 685.

entre ustedes, como dice el apóstol: 'No amen de palabra ni con la lengua, sino con la obras y de verdad'. (...) No se fijen en los más pequeños pecados de los demás, sino más bien piensen en los propios en la amargura de sus almas"[16].

Pero lo que en estas espléndidas reglas se nota es que –por lo que parece– no siempre se ha continuado el razonamiento hasta hacer explícito ese "como".

En el Movimiento se comprendió, desde los primeros tiempos, que la fidelidad al amor recíproco, vivido según el modelo de Jesús crucificado y abandonado (¡aquí está el "como"!), habría desembocado en la unidad según la vida de la Santísima Trinidad.

"¿Sabes hasta qué punto tenemos que amarnos?", nos planteamos un día sin haber conocido todavía el Testamento de Jesús. Y nos dijimos: "Hasta llegar a ser uno"[17]. Como Dios que, siendo Amor, es Uno y Trino.

Lo que Jesús ha traído a la tierra es justamente "la ley del Cielo", escribía entonces.

"Lo que nosotros tenemos que tratar de imitar, amándonos entre nosotros, con la gracia de Dios, es la vida de la Santísima Trinidad, como se aman entre ellas las Personas de la Santísima Trinidad"[18].

En efecto, el dinamismo de la vida intratrinitaria es don recíproco incondicional de sí mismo, es comunión total y eterna ("Todo lo que es mío es tuyo y todo lo que es tuyo es mío": *Jn* 17, 10) entre el Padre, el Hijo y el Espíritu Santo.

Advertimos, por lo tanto, que una realidad análoga había sido impresa por Dios en la relación entre los hombres. "He sentido –seguía escribiendo– que yo he sido creada como don para quien está a mi lado y quien está a mi lado ha sido creado

---

16. *Regola non bollata*, XI, 5-6.11-12, Padua, Fuentes Franciscanas, 1986, n. 37.
17. Lubich, Ch., *Unità e comunità. I. La comunità cristiana*, en "Fides", octubre de1948, p. 4.
18. *Id.*, *Síntesis de la espiritualidad*, en "Mariápoli '68", Roma, 1968, p. 76.

por Dios como don para mí. Como el Padre en la Trinidad es todo para el Hijo y el Hijo es todo para el Padre"[19]. De allí que "la relación entre nosotros es el Espíritu Santo, la misma relación que hay entre las Personas de la Trinidad"[20].

La clave de la unidad: Jesús Abandonado

Jesús Abandonado: sexto punto. Jesús Abandonado es el *algo más* de la Pasión y en la Pasión. Jesús había perdido a los discípulos y a la madre; estaba por perder la vida que los hombres le arrancaban con la flagelación, la corona de espinas, los clavos, la sangre que derramaba, y al haberlo enclavado en la cruz.

Le quedaba la unión con Dios, su Padre. Se sometió a perder, a renunciar incluso a ella: "Dios mío, Dios mío, ¿por qué me has abandonado?" (*Mt* 27, 46). Y con todo esto se inmolaba por nosotros.

Su abandono es un *algo más* que, como nosotros conocemos a través de nuestra espiritualidad –según lo que también dicen nuestros estatutos (art. 8)– es ese "despojo interior y exterior" necesario para toda forma de unidad.

Todo eso lo comprendimos desde el 24 de enero de 1944, cuando, ni siquiera dos meses después de lo que nosotros consideramos el comienzo del Movimiento, el 7 de diciembre de 1943, nos encontramos, a través de una conocida circunstancia[21], con este dolor de Jesús. Ese día, el 24 de enero, se decidió nuestra entrega a él, como el amor más grande.

---

19. Cf. *Id.*, "Pensamientos", en op.cit. *Escritos espirituales/1*, p. 135.
20. Cf. *Id.*, *Escrito* de 1950.
21 "(...) El encuentro con Jesús Abandonado en la casa de Dori [Zamboni, una de las primeras focolarinas], encuentro que esta vez le dejamos narrar a ella misma: "Íbamos siempre a visitar a los pobres y, probablemente, me contagié una infección en la cara. Estaba toda llagada y los remedios no hacían efecto. Igualmente, con la

En Jesús Abandonado –lo comprenderemos muy pronto– se contempló "la clave de la unidad".
Algunas cartas dan testimonio de ello.
He aquí tres pasajes:
"Pero (...), ¿no comprendieron todavía que el Ideal más grande que puede desear un corazón humano –la unidad– es un sueño efímero y una quimera si quien lo desea no pone en el centro de su corazón como único todo a Jesús abandonado por todos, también por su Padre? (...)".
"Únicamente abrazando con todo el corazón a Jesús Abandonado, convertido en una llaga en el cuerpo y una tiniebla en el alma, será como vuestra alma se formará a la unidad"[22].

Y luego:
"¡Él es todo! ¡Si el mundo lo conociera! ¡Si las almas que siguen a la unidad lo eligieran como única meta, como único todo! Entonces la Unidad ya no tendría más desequilibrios, nunca más rupturas"[23].

Y más adelante, en otra carta:

---

cara convenientemente protegida, seguía yendo a misa y los sábados, a la reunión... Hacía frío y salir en esas condiciones podía resultar dañino. Dado que mis padres me lo prohibían, Chiara le pidió a un sacerdote capuchino que me llevara la comunión. Mientras hacía el agradecimiento, el sacerdote le preguntó a Chiara cuál podía ser, según ella, el momento en el cual más había sufrido durante su pasión. Ella respondió que siempre había oído decir que había sido el dolor padecido en el huerto de los olivos. El sacerdote le dijo entonces: "Yo creo, en cambio, que fue en la cruz cuando gritó: 'Dios mío, Dios mío, ¿por qué me has abandonado?'".
Apenas se fue el sacerdote, como había oído la conversación me dirigí enseguida a Chiara, segura de una explicación. En cambio me dijo: 'Si el dolor más grande de Jesús fue el abandono por parte de su Padre, nosotros lo elegimos como Ideal y lo seguimos así'" (Lubich, Ch., *La unidad y Jesús abandonado*, Madrid, Ciudad Nueva, 1992, pp. 47-48) [N.d.E.].
22. *Id.*, *Carta*, 17-2-1949.
23. *Id.*, *Carta*, 23-4-1948.

"(...) Estoy convencida de que la unidad, en su aspecto más espiritual, más íntimo, más profundo, no puede ser comprendida más que por aquella alma que ha elegido como su parte en la vida (...) a Jesús Abandonado que grita: "Dios mío, Dios mío, ¿por qué también tú me has abandonado?" (...).

Toda luz sobre la unidad nace de ese grito.

Elegirlo como único objetivo, única meta, punto de arribo de la propia vida y... generar a la unidad una infinidad de almas"[24].

"(...) ¿Qué le falta a él, tan angustiado?

¿Qué medicina para curar su dolor?

¡*Dios*!

¡Es *Dios* lo que le falta!

¿Cómo dárselo nosotros?

¡Estando unidos lo tendremos entre nosotros y Jesús, que nacerá de nuestra unidad, consolará a nuestro amor crucificado!"[25].

La unidad

La *unidad*, el séptimo punto. Un pilar fundamental en nuestra espiritualidad, porque incluso por sí solo expresa lo que el Espíritu quiere de nosotros.

No sólo, sino que en este punto es más que evidente el *algo más* de nuestro estilo de vida espiritual. Y esto, debido a que los que viven las otras espiritualidades, que privilegian lo individual, no siempre son conscientes de tender también, como cosa esencial, a la unidad con los hermanos y no sólo a la unidad con Dios.

---

24. *Id.*, *Carta*, 30-3-1948.
25. *Id.*, *Carta*, 1-4-1948, en *La unidad y Jesús abandonado*, op.cit., p. 68

En cambio la unidad exige ese "algo más", porque supone por lo menos dos en comunión.

La unidad es una gracia que Jesús ha pedido al Padre: "Padre, que sean uno, como nosotros somos uno –yo en ellos y tú en mí–, para que sean perfectamente uno" (cf. *Jn* 17, 21-23). Y, si es una gracia, no la podemos lograr con nuestro esfuerzo. Sólo tenemos que estar dispuestos a poder recibirla: amándonos recíprocamente como Jesús nos ha amado. Y aquí quisiera subrayar que ese "como" significa: con la medida del abandono. Jesús, en efecto, amó así y hasta ese punto. Por lo tanto, no basta amarse de cualquier modo, como por ejemplo con un buen entendimiento entre amigos, o con benevolencia; se requiere ese desapego material y espiritual por ambas partes, necesario para poder "hacerse uno" recíprocamente. Esa es la manera de ponernos en la mejor disposición para obtener la gracia de la unidad.

Buscando en las cartas y en los documentos de los primeros tiempos, para observar cómo el carisma nos instruía sobre la unidad, y cómo la considerábamos, encontramos este pasaje.

Así escribía, en 1947:

"Fíjense en la mente una sola idea.

Siempre ha sido una sola idea la que ha hecho grandes a los santos.

Pues bien, nuestra idea es ésta: Unidad"[26].

Y esto –agrego ahora– vale también para el presente.

En otra carta, de 1948, se encuentra escrito:

"Que todo se venga abajo. ¡La Unidad jamás! (...).

Tengan entre ustedes... siempre este Fuego encendido.

Y no tengan miedo de morir. Ya han probado que la Unidad exige la muerte de todos ¡para dar vida al Uno! (...).

---

26. *Id.*, *Carta*, Fin de año 1947, en *La unidad y Jesús abandonado*, op.cit., p. 40

Hagan esto como sacrosanto deber, si bien les procurará inmensa alegría.

¡Es Jesús quien ha prometido la plenitud de la felicidad a quien vive la Unidad!"[27].

La unidad, la unidad, agrego ahora, y no ciertamente para cerrarnos, sino para poder abrirnos evangélicamente.

La carta, en efecto, continúa:

"Hagamos de la unidad entre nosotros, que nos da la plenitud de la felicidad, de la paz, de la fuerza, el trampolín para correr (...) a cualquier parte donde no haya unidad, ¡y hacerla!"[28].

Y sigue:

"... mientras no todos sean todavía Uno, no sean Él, no podemos quedarnos en paz, darnos tregua. Siempre en la brecha, en la lucha contra nosotros y contra el mal, en el odio a Satanás (y) al mundo. Tenemos que sentir que nos pesa en el alma, como grave responsabilidad, toda falta de unidad que haya a nuestro alrededor. Jesús (muchas veces) está en los corazones, pero como soterrado, oculto. Nosotros tenemos que dar —en la unidad más plena— tal Luz que, deslumbrados, todos la busquen en sí mismos y la dejen resplandecer"[29].

Jesús entre nosotros

Pero he aquí que enseguida se descubre lo que ofrece la unidad. Y llegamos al octavo punto: ofrece a *Jesús en medio* de nosotros. También aquí el *algo más* es evidente. Hay que ser por lo menos dos para tenerlo entre nosotros, y dos unidos en su nombre, es decir, en su amor.

---

27. *Id.*, *Carta*, 1-4-1948, en *La unidad y Jesús abandonado*, op.cit., p. 35.39
28. *Ibid.*, p. 39
29. Lubich, Chiara, *Carta*, 4-1-1949.

Jesús entre nosotros. Él es la gracia que se obtiene en la unidad. Una super–gracia, porque es el mismo Jesús.

Jesús entre nosotros, en efecto, es una directiva suya que debemos realizar ("donde dos o más...") y el mismo Jesús es el que la da.

Esta presencia de Jesús es de una actualidad sorprendente. En efecto, sabemos lo difícil que es hablar de Jesús en nuestros tiempos, porque se lo ve como una realidad lejana, de hace dos mil años, superada, quizás vieja. Ya no es tan claro que Jesús está todavía vivo, que camina con nosotros en la historia, como ha prometido: "Yo estaré siempre con ustedes hasta el fin del mundo" (*Mt* 28, 20). Y esto se debe al ambiente secularizado, materialista, indiferente, que ha influido sobre la misma Iglesia.

En cambio, si lo ponemos a él en medio de nosotros, muchos pueden encontrarlo ahora, dos mil años después.

Jesús en medio es efecto de la unidad. Lo escribo en una página que habla del asombro ante los primeros descubrimientos, la emoción y la alegría:

"¡La Unidad!

¿Quién podrá aventurarse a hablar de ella? ¡Es inefable como Dios!

Se siente, se ve, se goza pero... ¡es inefable!

Todos gozan de su presencia, todos sufren con su ausencia. Es paz, felicidad, amor, ardor, clima de heroísmo, de suma generosidad.

¡Es Jesús entre nosotros!"[30].

Y la carta sigue:

"¡Jesús entre nosotros! Vivir para tenerlo siempre con nosotros, para llevarlo al mundo ignorante de su paz, para tener en nosotros su luz. ¡Su Luz!

---

30. *Id.*, *Carta*, 29-4-1948; cf. en *La unidad y Jesús abandonado*, op.cit., pp. 31-32.

Quisiera hablarles y no sé hablarles (...).

¡La mente contempla, saciada de belleza! ¡Querría que, aunque todo el mundo se derrumbase, él permaneciera siempre entre nosotros, entre nosotros unidos en su Nombre, porque estamos muertos a nosotros mismos!

Hermanos, Dios nos ha dado un ideal grandioso. Permanezcamos fieles a él, cueste lo que cueste, aunque un día tuviéramos que gritar con el alma en llamas por el infinito dolor: 'Dios mío, Dios mío, ¿por qué también tú me has abandonado?'.

¡Y adelante! No con nuestra fuerza, mezquina y débil, sino con la omnipotencia de la Unidad.

He constatado, he tocado con las manos que Dios entre nosotros realiza lo imposible: (...).

Si nosotros permanecemos fieles a nuestra consigna (*ut unum sint*) el mundo verá la Unidad. (...)

Y no teman ceder todo a la Unidad: si no llegamos a amar sin medida, sin perder el juicio propio, sin perder la propia voluntad, los propios deseos, ¡no seremos nunca Uno! (...)

¡La unidad antes que nada! ¡En todo! Cuentan poco las discusiones, las cuestiones aún más santas, si no damos vida a Jesús entre nosotros (...)"[31].

También estas palabras son de 1948:

"En estos días (...) he constatado, he sentido con el alma que la Unidad no son los Focolares, la cercanía, la lejanía... es Algo por encima de todas estas cosas: es Paz de Cielo, es Gozo pleno, es Luz perfecta, que ilumina las tinieblas más espesas, es Amor ardentísimo y purísimo... es Jesús. (...)

¡Y la Unidad, este Algo impalpable, intocable, invisible, se eleva y domina! toda espiritual –todo Espíritu. Pero *real, concreta, que colma el alma y la hace cantar.*

---

31. *Ibid.*, pp. 36-37.

¡Qué Camino que nos has dado Señor! ¡Qué maravilla! ¡Qué regalo!"[32].

Jesús en medio en el mundo, entre el pueblo cristiano... entre los pueblos. Esta promesa realizada a lo largo de los siglos, quizás en los conventos y señalada a nuestros tiempos por el Concilio Vaticano II, es ahora, con nuestro Movimiento, una realidad general, popular.

Pero volvamos a escuchar lo que se dijo de él cuando se manifestó, y cómo desde entonces se sentía la necesidad de hacerlo conocer.

"La felicidad que nosotros probamos en la unidad que nos has donado, muriendo, la queremos dar a todas las almas que se rocen con las nuestras. No podemos tenerla sólo para nosotros, dado que muchos, muchos tienen hambre y sed de esta paz plena de este gozo infinito (...)"[33].

Era tan grande, además, la consideración que se tenía de él en medio de nosotros, que en otra conocida página se escribía:

"Si estamos unidos, Jesús está entre nosotros.

Y esto es lo que vale. Vale más que cualquier otro tesoro que pueda poseer nuestro corazón: más que la madre, que el padre, que los hermanos, los hijos. Vale más que la casa, el trabajo, la propiedad; más que las obras de arte de una gran ciudad como Roma, más que nuestras ocupaciones, más que la naturaleza que nos rodea, con las flores y los prados, el mar y las estrellas: ¡más que nuestra propia alma!

Es él que, inspirando a sus santos con sus eternas Verdades, ha hecho época en toda época. También ésta es su hora: no la de un santo, sino la de él: de *él entre nosotros*. (...)

---

32. Lubich, Ch., *Carta*, 15-6-1948.
33. *Id.*, *Carta*, 27/12/1948, en *La unidad y Jesús abandonado*, op.cit., p: 39.

Pero es preciso dilatar el Cristo (...) ¡Hacer uno de todos y en todos el Uno!"[34].

En los años siguientes, cuando ya se iban profundizando estos pilares de la espiritualidad, aunque de manera distinta a la actual, decíamos:
"Nosotros sabemos cómo la gran elección del Movimiento, y de cada uno de nosotros, ha sido Dios... Se lo adoraba en los tabernáculos, se lo amaba en el hermano, se lo contemplaba más allá de las estrellas, en la inmensidad del universo.

Pero un día fuimos sorprendidos por la idea de que Dios, que nos resultaba tan presente con su amor, pero tan lejano con su majestad, había bajado a nuestro lado, entre nosotros unidos, estableciendo aquí su morada. (...)

Jesús en medio de nosotros, hermano entre los hermanos, maestro, guía, aliento, luz: nada que envidiar a los que lo tuvieron a su lado en Palestina. Todo se podía esperar de esta extraordinaria presencia suya. Principio de incendio divino en el mundo, en todas partes donde él se encuentra. Es él quien ha dicho: "Fuego he venido a traer a la tierra". Tenemos un inmenso tesoro, tenemos el tesoro"[35].

Y más adelante:
"En el estar unidos se advertía toda la fuerza de Jesús entre nosotros. Estábamos como envueltos por la potencia y la bendición del cielo. Nos sentíamos capaces de realizar, por Dios, las acciones más nobles, los propósitos más difíciles y ardientes, que luego eran mantenidos, mientras que antes, por más buena voluntad que tuviéramos, a nosotros solos nos resultaba difícil ir a fondo en las promesas hechas al Señor. Se experimentaba una potencia no humana"[36].

---

34. *Id.*, "Si estamos unidos, Jesús está entre nosotros", Escrito de 1949; cf. en *Id.*, *Meditaciones*, Buenos Aires, Ciudad Nueva, 2002, p. 40.
35. Cf. *Id.*, "Donde dos o tres", en *Id.*, *Escritos espirituales/3*, Madrid, Ciudad Nueva, 1998, pp. 163.170
36. *Ibid.*, p. 172.

¡Jesús en medio! Él no puede menos que hacer cosas grandes porque es Jesús.

Jesús en medio, que nos hace obtener todo con la oración "*si consenserint*".

Jesús en medio, perenne Navidad en el mundo; perenne Pascua, porque el Resucitado está constantemente vivo entre nosotros.

Jesús en medio de nosotros, que tendríamos que dejar como nuestro tesoro a quien nos siga, con la exhortación a tenerlo siempre por la práctica del mandamiento nuevo y la unidad.

La Eucaristía

Y ahora, la *Eucaristía*.

¿Dónde está aquí el "algo más"?

Bastan pocas palabras. En efecto, la Eucaristía puede ser vista (y en realidad lo es para muchos cristianos) sólo como un alimento que nutre nuestra alma espiritualmente, que se recibe por lo menos una vez al año, o todas la fiestas, o los domingos y, ¿por qué no? todos los días; la Eucaristía es Nuestro Señor en persona, al cual se dirigen nuestra adoración y nuestras oraciones; pero en el Movimiento se la ve, además, por lo que produce: la unidad. Aquí está el "algo más".

Es la Eucaristía la que nos da esa gracia que debemos esperar, cuando vivimos el mandamiento nuevo, para poder experimentar la unidad, Jesús entre nosotros.

Cuando todavía no conocíamos esta cualidad suya (ser vínculo de unidad), el Espíritu Santo sí lo sabía y, dado que nos había llamado al Ideal de la unidad, nos impulsaba a todos a alimentarnos del Cuerpo y la Sangre de Cristo.

Así como los niños recién nacidos se alimentan instintivamente del pecho materno, sin saber lo que hacen, del mismo modo al comienzo del Movimiento se notó un fenómeno: quien se acercaba a él comenzaba a frecuentar la santa Comunión diariamente.

¿Cómo se explica?

Lo que es instinto para el recién nacido, lo es el Espíritu Santo para el adulto, recién nacido a la nueva vida que el Evangelio de la unidad trae consigo. Se siente impulsado al "corazón" de la Madre Iglesia y se alimenta del néctar más precioso que ella tiene.

Sin embargo, muy pronto fuimos conscientes de algo: nos pareció sintomático que Jesús, dirigiéndose al Padre en la famosa oración, le haya pedido la unidad entre los suyos y entre los que vendrían, después de haber instituido la Eucaristía.

La unidad alcanza su plenitud mediante la Eucaristía.

La unidad puede ser vivida plenamente sólo mediante la Eucaristía, que no sólo nos hace uno por el amor, sino concorpóreos y consanguíneos con Cristo y entre nosotros.

La Iglesia

Ahora bien, si es *la Iglesia* la que hace la Eucaristía, es la Eucaristía la que hace *la Iglesia*, y la hace comunión.

En esta afirmación está, entonces, la razón del *algo más* en nuestra forma de considerar a la Iglesia.

En los años en que se iniciaba el Movimiento, muchas veces se entendía por Iglesia sólo la construcción de piedras con Jesús en el tabernáculo, María, San Antonio sobre el altar. Para muchos la Iglesia era, en cierto modo, sinónimo de catequesis, de primera Comunión... Quería decir también otros Sacramentos, las fiestas patronales; en algunos casos significaba formar parte de la Acción Católica, etc.. Quería decir parroquia, el párroco; si se sabía que existían, también el Obispo, el Papa.

Por el carisma de la unidad y sus instancias se comprendió que la Iglesia, si bien podía ser todo esto, en su ser más profundo era, sobre todo, pueblo de Dios; era comunión: la Iglesia–comunión.

Luego el Concilio Vaticano II daría esta definición de la Iglesia y fue una revolución.

Pero, ¿qué significa vivir la Iglesia como comunión?

Significa tender vínculos de caridad en todas sus articulaciones: entre sus miembros; entre sus realidades (parroquias, diócesis, movimientos, estructuras, consejos, comisiones, etc.); con las otras realidades que de alguna manera están vinculadas a ella (otras Iglesias, otras Religiones que tienen que ver con ella por la presencia de las "semillas del Verbo"; otras culturas con sus valores).

Pues bien, todo esto lo enseña y lo hace vivir nuestra espiritualidad.

Por otra parte, establecer la caridad entre los responsables y los fieles, porque todo responsable tiene que hacer preceder la caridad a cualquier disposición que tome (ser también él, en su ámbito, "presidente de la caridad").

Y a su vez, establecer la caridad entre los fieles y los responsables, como documentan estas cartas, que hablan de cómo también el Movimiento y la Iglesia llevan el sello de la comunión.

Escribía en 1969:

"¡No ha sido sólo por un principio de obediencia a la Iglesia o por temor a la herejía! Era precisamente la Iglesia que nos atraía hacia ella; o mejor dicho, era el Espíritu Santo en nosotros que nos impulsaba a reunirnos con el Espíritu Santo que está en la Iglesia, porque es un único Espíritu Santo"[37].

---

37. Lubich, Ch., "Hombres al servicio de todos", en *Escritos espirituales/4*, op.cit., p. 102.

También es de los primeros años del Movimiento la frase:
"Los focolarinos ven a la Iglesia como una familia donde, si bien cada uno debe estar en su lugar, en la propia vocación, todos tienen que sentirse hermanos por el amor en Cristo Jesús"[38].

Todo en obediencia a quien tiene el carisma de la autoridad. Lo que le debemos a la Iglesia, en efecto, es un amor obediente, amor que luego vuelve, como siempre hemos experimentado. Esta actitud nuestra ante el Obispo ha sido una constante.

Escribía en 1947:

"'Quien los escucha a ustedes, me escucha a mí'.

¡Cómo necesita nuestra alma, tan a merced de las voces del mundo, escuchar... la Voz de Cristo!

Pero no debes pretender que Cristo baje a la tierra a hablarte. Él, cuando estaba aquí abajo, designó a sus ministros: los que habrían hecho su parte...

¡Ve a ellos con fe!

Tú combates una batalla por el triunfo del Espíritu sobre la materia, de lo sobrenatural... Debes ver en el ministro a aquél que te trae la voz de Jesús, de cualquier persona se trate, sin fijarse en sus eventuales defectos. Su palabra es Palabra de Dios.

"Quien los escucha a ustedes, me escucha a mí". Jesús quiere hacerse escuchar a través de sus ministros. Así lo ha establecido y así es"[39].

En 1952:

"No hay que discutir, ni titubear. Somos uno solamente en la Divina Voluntad, y ella es expresada por el Obispo"[40].

---

38. *Id.*, *Escrito*, "Como la Orden de María está en relación con las almas que no hacen parte de ella".
39. Cf. *Id.*, "Hombres al servicio de todos", op.cit., p. 99.
40. *Ibid.*, p. 99.

"(...) Sólo así, en la unidad entre ustedes y con la Iglesia, el Ideal invadirá la tierra y será una invasión de amor"[41].

En 1956:

"Podemos decir, por experiencia, que los Obispos son distintos de los demás. Se lo advierte cuando uno les cuenta nuestra espiritualidad o cuando hablan. Tienen un peso, una unción que enseguida los distingue de un sacerdote o un teólogo, aunque sean santos.

Además tienen la gracia de centrar el argumento y de explicarlo con amplitud. Es su carisma"[42].

Decía en 1960:

"Querría que todos sintieran que tienen una madre y que esta madre siempre está dándoles leche materna, y que todas las almas acudiesen a nutrirse de este alimento, que viene del Santo Padre, de los Obispos y lo hicieran propio"[43].

Tanto que un día surgió de nuestro corazón esta especie de canto:

"La Iglesia, Madre purísima, nos ha injertado en su familia abriéndonos las puertas del verdadero Paraíso a través de los sacerdotes y de los sacramentos.

Ella nos ha forjado soldados de Cristo.

Ella nos ha perdonado y borrado nuestros pecados setenta veces siete.

Ella nos ha alimentado con el Cuerpo de Jesús; ha sellado divinamente el amor de nuestro padre y de nuestra madre.

Ella ha elevado a hombres como nosotros a una dignidad altísima, y les ha conferido el sacerdocio.

Ella, finalmente, nos dará el último adiós: a Dios. Nos dará Dios.

Si nuestro corazón no le canta, es un órgano apagado.

Si nuestra mente no la ve y no la admira, es ciega y oscura.

---

41. Lubich, Ch., *Carta*, 14-2-1952.
42. *Id.*, "Hombres al servicio de todos", op.cit., p. 99.
43. *Ibid.*, p. 100.

Si nuestra boca no la pronuncia, es mejor que se seque en ella la palabra"[44].

María

Y llegamos a *María*.
Antes que nada veamos cómo, en este pilar de la espiritualidad definido "María", está el *algo más* que nos caracteriza.
Analizando nuestro modo de ver a María, antes de la experiencia del Movimiento, y atribuyéndolo un poco a las espiritualidades más individuales que entonces estaban en boga, podríamos decir que era: un gran amor, una gran devoción a María, Madre de Dios, para la cual se han elevado santuarios incluso suntuosos en todo el mundo. Era el rosario como oración preferida, que, por otra parte, ella misma aconsejó más de una vez; la participación cordial en sus diversas fiestas, como así también en las manifestaciones populares; era un mes de mayo sentido de modo especial; un deseo, especialmente en los ancianos, de morir con su nombre en los labios; todas eran maneras, aspectos distintos de una devoción muy sentida, pero –repetimos– preferentemente individual.

Aquí también, en el Movimiento, hay un *algo más*.
En efecto, si bien es amada en todas su prerrogativas, como Inmaculada, *Theotókos*, elevada al Cielo en la Asunción, y es admirada como "Palabra vivida", "Mujer de amor", "Hija del Padre", ella no sólo es venerada e invocada sino también imitada y, en cierto modo, revivida como Madre de la unidad, que no sólo significa Madre de los cristianos, sino de la Iglesia.
En efecto, ella, en su desolación a los pies de la cruz, es Madre de la unidad, de la Iglesia, a ejemplo y junto a Jesús

---

44. Lubich, Ch., "Fragmentos", en *Escritos espirituales/1*, op.cit., pp. 217-218.

Abandonado, en su segundo sí, en el ser, a su manera, abandonada.

Para nosotros la Desolada no significa, entonces, sólo un monumento de virtud, como efectivamente lo es, sino aquélla que, con Jesús crucificado y abandonado, dio su propia contribución a la redención del género humano y se volvió Madre nuestra en Juan.

Allí ella ha co-engendrado a otro Cristo, el que compone su Cuerpo místico, en el cual, como Madre, se muestra vínculo de unidad entre todos, une a los hijos, los hace hermanos, como saben hacer las madres de la tierra.

Por eso estos hijos, generados también por ella, tienen los rasgos de Jesús, pero también los suyos.

Haciendo un breve repaso de la historia del Movimiento con respecto a María, podemos ver mejor quién es María para nosotros y cómo puede ser un pilar de nuestra espiritualidad.

Desde los primeros tiempos, si bien en una época parecía que dejaba al Espíritu poner el acento casi únicamente en Jesús y en su Evangelio, ella se hizo ver, si bien tímidamente, para revelarnos enseguida su relación con la unidad.

Algún ejemplo.

Así escribía en 1947:

"Estoy convencida de que es ella la que quiere la unidad. Ella: ¡*Mater unitatis*!...

Ella conoce a Satanás, sus lisonjas, sus engaños, sus trampas, y llama a sus hijos a unirse, a darse la mano al caminar por el Camino del Amor"[45].

Y siempre en ese año:

"La Virgen nos quiere unidos en el camino. Ella sabe que "donde dos o más" se unen en el santo nombre de su Hijo,

---

45. *Id.*, *Carta*, 6-9-1947.

él está en medio de ellos. Y donde está Jesús huyen todos los peligros y se desvanecen los obstáculos... ¡Todo lo vence porque es Amor!"[46].

Pero más tarde se manifestó con todo su esplendor, en el escenario de nuestra alma, elevada en proporción a cuanto se había humillado, grande en proporción a cuanto se había anulado.

Sucedió en 1949, cuando, reunidas en la montaña, pareció que el Señor bosquejara en nuestras mentes la Obra que tenía que nacer.

Comprendimos que, a través de ésta, María habría querido volver de alguna manera a la tierra.

Tan fuerte fue esa sensación que, admirando en María su belleza única, e imaginándola y viéndola sola, porque no veíamos a su lado hijos de semejante madre, más que Jesús, nos sentimos impulsados a sugerirle que se hiciera en la tierra una familia de hijos e hijas como ella.

Antes todavía le habíamos pedido a Jesús Eucaristía que nos pusiera en las manos de María, nos "consagrase" él, como sólo él lo sabe hacer.

Comprendimos entonces que aquel acto no había sido una mera expresión devocional, sin mucho contenido, sino que esa "consagración" había obrado algo.

Nos pareció que María nos revestía de su condición de Inmaculada.

Quizás, un poco, con nuestro pequeño grupo pareció verificarse lo que dice Montfort cuando habla de las maravillas, en especial interiores, que María realiza secretamente en las almas. Montfort escribe: "Infinidad de efectos produce en el alma esta devoción fielmente practicada; pero la principal es

---

46. Cf. *Id.*, (Otra) *Carta*, 6-9-1947, cit. en Povilus, J.M., *Jesús en medio en el pensamiento de Chiara Lubich*, Madrid, Ciudad Nueva, 1989, p. 149-150.

hacer que de tal modo viva María en un alma en la tierra, que no sea ya más el alma quien vive, sino María en ella..."[47].

De hecho pareció que lo que un día había pedido Pablo VI: "... enséñanos, lo que ya conocemos;... a ser inmaculados, como tú lo eres"[48], se hubiera vuelto realidad.

Nos sentimos hijos de María y –de un modo que nunca podremos olvidar– por primera vez sentimos a María como nuestra mamá.

Años más tarde un episodio, también conocido, nos confirmó todo esto. Así lo describí:

"Entré un día a una iglesia y, con el corazón lleno de confianza, le pregunté: '¿Por qué quisiste quedarte en la tierra, en todos los puntos de la tierra, en la dulcísima Eucaristía, y no encontraste, tú que eres Dios, un modo de traer y dejar también aquí a María, la Madre de todos nosotros los que peregrinamos en el mundo?'.

En el silencio parecía responder: 'No la traje porque quiero volver a verla en ti'"[49].

Ser otra María, una pequeña María, que encuentra en la Madre su deber ser y encuentra en sí el poder ser ella.

Pero ser Madre como ella significa tener la posibilidad de imitarla en su maternidad espiritual (que se vuelve paternidad espiritual para los hombres), maternidad que plasma a las personas que les están confiadas, no sólo para hacerlas bellas y santas, sino para unirlas, y no sólo con Dios, sino entre ellas.

María es Madre de este modo. Es *Mater unitatis*.

Entonces, concluyendo: el punto de nuestra espiritualidad, *María*, para nosotros significa vivir como ella, siendo de alguna manera ella, que es Madre de la unidad.

---

47. Montfort, L.G., *Obras de San Luis María Grignon de Montfort*, traducción de Nazario Pérez, SJ y Camilo Abad, SJ, Madrid, BAC, Obras 111, 1954. p. 289
48. "Discurso a los fieles", 25-10-1969, en *Insegnamenti di Paolo VI*, VII, Tipografía Políglota Vaticana, pp. 685-688.
49. Lubich, Ch., *Meditaciones*, op.cit, p. 49.

El Espíritu Santo

Y ahora el *Espíritu Santo*, último punto.

En nuestra Iglesia, por lo menos en el pueblo, no se había ido muy a fondo en el conocimiento de la tercera Persona divina. Al Espíritu Santo se lo había denominado: "El Dios desconocido"[50]. Se sabía que existía. Se le rezaba: "*Veni, Sancte Spiritus*", pero no mucho más.

En el Movimiento se considera al Espíritu Santo antes que nada por lo que significa en Dios y para el hombre.

Es vínculo de unidad entre las Personas divinas, Padre e Hijo, y vínculo de unidad entre los cristianos.

Teniendo además, los no cristianos, si son de buena voluntad, la posibilidad de llevarlo en su corazón, de alguna manera es vínculo de unidad también con ellos.

Una característica del Movimiento es la de escuchar su voz dentro de cada uno. Pero además se aprende también a escuchar la voz de él presente entre nosotros unidos en el Resucitado. Es más, se considera muy importante la escucha del Espíritu cuando está Jesús entre nosotros, porque él perfecciona la escucha de su voz en cada uno de nosotros. Y aquí se puede ver el *algo más* en nuestra consideración del Espíritu Santo.

Por ese *algo más* siempre se ha experimentado un clima particular en nuestras reuniones, en nuestras comunidades, en nuestras ciudadelas, en nuestros pequeños o numerosos encuentros.

Ese clima es efecto de la presencia del Resucitado, que está entre nosotros, y que trae consigo el Espíritu Santo.

El Espíritu Santo, respiro de Jesús y atmósfera del Cielo, es también el respiro de su cuerpo, la Iglesia. Se lo percibe cuan-

---

50. Von Baltasar, Hans Urs, *Spiritus Creator*, Brescia, 1972, p. 98; cf. también Congar, Y., *Credo nello Spirito Santo*, 2, Brescia, 1982, p. 43.

do la Iglesia es "Iglesia" en sentido pleno; es decir, cuando es Reino de Dios, Cielo transferido a la tierra, por la unidad.

Éstos son los doce puntos de nuestra espiritualidad. A todos nosotros nos corresponde vivirlos en plenitud para hacer más bella, armoniosa y fuerte a la Iglesia, también con nuestra Obra, y con María, su forma, su Madre, su Jefa, su Reina, hacerla invencible.

SEGUNDA PARTE

LOS "ASPECTOS"

Introducción

COMO UN ARCO IRIS

El Señor, a través del carisma de la unidad, no tuvo la intención de suscitar solamente una nueva espiritualidad en la Iglesia, sino también una Obra, que después fue llamada Movimiento de los Focolares u Obra de María.

Ahora bien, para crear una Obra, se necesita un alma (que es la espiritualidad comunitaria), pero es igualmente esencial una organización, una estructura. Y Dios también pensó en ello.

Por lo que recuerdo, era el año 1954. La espiritualidad parecía bastante completa. Y habíamos entendido claramente esto: debíamos ser otros Jesús.

Ya en 1946 escribíamos en unos apuntes: "Nuestra alma debe tender a ser lo más pronto posible otro Jesús... Hacer la parte de Jesús aquí en la tierra. Prestar a Dios nuestra humanidad a fin de que la use para hacer revivir en ella a su Hijo predilecto"[1].

Pero, ¿cómo podíamos realizarlo? El Bautismo y los demás sacramentos ya habían producido en nosotros esta realidad. Sin embargo, era necesario responder a este don, respuesta que podríamos resumir en una sola palabra: amar. El amor resume la ley cristiana. Quien ama es otro Jesús. Y es Jesús en todo lo que hace.

---

1. Lubich, Ch., "La unidad", 2 de diciembre de 1946; cf. , op.cit., p. 23.
2. El Movimiento de los focolares u Obra de María está compuesto por dieciocho

Por lo tanto, nuestra vida debía ser amor. Si hubiéramos querido definir nuestro "deber ser", habríamos tenido que decir: "Nosotros somos amor", así como Dios es Amor. Si el amor era nuestra vida, el amor debía ser nuestra norma.

Entonces se presentó una idea, tal vez una iluminación.

El amor es luz; es como un rayo de luz que, cuando pasa a través de una gota de agua, se refracta formando el arco iris en el cual podemos admirar sus siete colores. Todos colores de luz, que a su vez se multiplican en infinitas tonalidades.

Así como el arco iris es rojo, anaranjado, amarillo, verde, azul, índigo y violeta, el amor, que es la vida de Jesús en nosotros, asumiría diversos colores, se expresaría de distintas maneras, diferentes unas de otras.

El amor, por ejemplo, es comunión, lleva a la comunión. Jesús en nosotros, por ser Amor, realizaría la comunión.

El amor no se cierra en sí mismo, es difusivo de por sí. Jesús en nosotros, el Amor, habría sido irradiación de amor.

El amor eleva el alma. Jesús en nosotros habría elevado nuestra alma a Dios. He aquí la unión con Dios, la oración.

El amor sana. Jesús, el Amor en el corazón, habría sido la salud de nuestra alma.

El amor reúne a las personas en asamblea. Jesús en nosotros, porque es Amor, habría reunido los corazones.

El amor es fuente de sabiduría. Jesús en nosotros, el amor, nos habría iluminado.

El amor hace de muchos una sola cosa, es unidad. Jesús en nosotros nos habría fundido en uno.

Estas son las siete expresiones principales del amor que estábamos llamados a vivir. Lo cual daba a entender un número infinito.

Pues bien: en estas siete expresiones del amor reconocimos inmediatamente la norma de nuestra vida personal, y habría constituido luego la regla de nuestra Obra en su conjunto y, más tarde, de sus distintas ramificaciones.

Por ser el amor el principio de cada expresión, de cada aspecto, dado que Jesús vive siempre en nosotros en cada manifestación de nuestra vida, ésta habría tenido una maravillosa unidad.

Todo habría nacido del amor, todo habría tenido raíces en el amor, todo habría sido expresión de la vida de Jesús en nosotros. Esto habría hecho que la existencia del ser humano fuera atractiva y fascinante, en lugar de poco interesante y chata, porque no se compondría de piezas agregadas y sin relación entre ellas (como si el momento de la comida no tuviera nada que ver con el de la oración, y el momento del apostolado se limitara a una hora determinada, y así sucesivamente).

No, en nuestro caso habría sido siempre Jesús quien hace apostolado, quien trabaja, se alimenta, etc. Todo habría sido expresión suya.

En los Estatutos de la Obra y en los reglamentos de sus diferentes ramificaciones[2], estas distintas expresiones del amor, de la vida de Jesús en nosotros, figuran como nuestra regla y así han sido aprobados por la Iglesia.

Quisiéramos ahora empezar a repasar los aspectos de nuestra vida (sus siete "colores", por decirlo de algún modo) para ver, entre otras cosas, si también éstos poseen ese *algo más* que

---

ramificaciones:
– dos secciones de los Focolares (masculinos y femeninos), que son la estructura portante de la Obra;
– diez ramas (voluntarios y voluntarias, sacerdotes focolarinos y voluntarios, gen's, religiosos y religiosas, Gen masculinos y femeninos, obispos amigos);
– seis movimientos de amplio alcance ().
Los Estatutos Generales del Movimiento aprobados el 29 de junio de 1990, por decreto del Pontificio Consejo para los Laicos, establecen las normas comunes a todos los miembros. Lo que caracteriza a cada ramificación está expresado en los reglamentos respectivos aprobados por la Asamblea General del mismo Movimiento. [N.d.E.]

ya hemos notado en los puntos de nuestra espiritualidad, es decir, si son expresión de una vida comunitaria.

1. EL AMOR ES COMUNIÓN

Nuestros Estatutos, ya que conciernen a la Obra en su conjunto con todas las vocaciones religiosas y laicas, engloban en el primer aspecto, la *comunión de bienes*, el concepto que en nuestra Obra se tiene de la *economía*, del *trabajo* y de la *pobreza*.

Comunión de bienes

Sabemos que en la Iglesia otros ciertamente practicaron y practican esta comunión, pero en general eran y son personas elegidas, con una vocación particular, como los religiosos en los monasterios o en los conventos.

En nuestro Movimiento la que la practica esta comunión es la sociedad, son también los laicos, como lo eran los primeros cristianos. Para realizarla, encontramos nuestro modelo en la comunión de los santos y en la vida de la Trinidad, donde se vive el *"omnia mea tua sunt"*, todo lo mío es tuyo (cf. *Jn* 17, 10).

En la Obra, por ejemplo, algunos hacen una comunión de bienes total. Son los focolarinos y las focolarinas vírgenes[1], que dan al focolar el sueldo entero y el eventual capital y bienes inmuebles por medio de un testamento en favor de los pobres,

---

1. "El focolar, a imagen de la familia de Nazaret, es una convivencia en medio del mundo de personas vírgenes y casadas, entregadas totalmente a Dios, aunque de modos distintos". (Lubich, Ch. *La Dottrina Spirituale*, op.cit., p. 88) [N.d.E.]

sobre todo a través de las actividades formativas, apostólicas y caritativas del Movimiento.

Otros miembros dan su superfluo.

San Jerónimo dice: "Todo lo que, en cuanto a vestuario y a alimentación, excede lo necesario, lo debes a los demás"; y anteriormente san Pablo expresaba: "No se trata (...) de que pasen necesidad para ayudar a los demás, sino de que haya igualdad" (cf. *2 Co* 8, 13).

La comunión de los bienes se ha realizado siempre, desde que nació el Movimiento. Recuerdo que empezó después de una carta que escribí sobre este tema, y que se leyó a toda la comunidad, donde citaba el ejemplo de los primeros cristianos.

La respuesta fue inmediata y concreta. Mes a mes, se ponía en común todo lo que se podía: disponibilidades y necesidades, anotándolo todo. Así seguimos haciendo en todo el Movimiento.

Después, cuando se distinguió en secciones, ramas y Movimientos de amplio alcance, cada rama la practicó entre sus miembros. Es lo que se hace también hoy.

El *algo más* de este aspecto está presente en el modo de usar los bienes y el dinero en la Obra: en general no da cada uno lo suyo, o su superfluo, individualmente, sino que se lo determina juntos y se lo pone en común comenzando por los más necesitados de la propia rama.

El trabajo

Aclaro que nuestra primera fuente de subsistencia no es el trabajo, sino la Providencia de Dios que interviene. Siempre es abundante y cubre incluso la mitad de las necesidades de la Obra.

En el Movimiento se hace la experiencia constante de que buscando el Reino de Dios y su justicia, todo lo demás llega por añadidura (cf. *Mt* 6, 33).

El segundo recurso es el *trabajo*.

En el Movimiento ponemos al trabajo en el lugar que le corresponde, le damos mucha importancia. Su importancia radica también en el hecho de que la mayor parte de los miembros de la Obra son trabajadores, como lo fueron Jesús, José y María, en la casita de Nazaret.

Dado que se ama y así se es *"otros Jesús"*, en el Movimiento el trabajo es visto con su mirada:

– antes que nada, posibilidad de hacer con el trabajo la voluntad de Dios y, por consiguiente, de estar siempre orientados hacia el Padre;

– se lo ve como una gran oportunidad de realización;

– da la posibilidad de actuar como co-creadores;

– se lo descubre, además, como posibilidad de servir a Jesús en la comunidad;

– y por último, permite que se pueda compartir, con quien no tiene, la ganancia que el trabajo procura.

El trabajo, desde esta perspectiva, da un elevado sentido a la vida y es motivo de alegría constante, porque dar suscita alegría.

Algunas órdenes religiosas, como sabemos, también subrayan el trabajo. San Benito, por ejemplo, con su lema "ora et labora".

¿Dónde nos parece a nosotros ver la diferencia?

El trabajo, en muchas familias religiosas, no siempre tiene todos los significados citados anteriormente. A veces puede parecer un modo de contrapesar, equilibrar el *ora*, la oración, o simplemente un medio de subsistencia.

Jesús, sin embargo, en su vida privada no vivía como un *consagrado* a Dios que se retira a un convento. Jesús era un trabajador. En el Movimiento tenemos, por eso, un concepto del trabajo similar, si no igual, al que tenía Jesús.

Sabemos que en el mundo del trabajo se puede ser un aprendiz o un trabajador experimentado; por eso en él uno se puede especializar; se deben conocer las distintas leyes del trabajo; el trabajo cansa; exige puntualidad; el dinero que se gana debe ser administrado...

Todo esto, y aún más, es lo que debe tener en cuenta un miembro del Movimiento para ser un buen trabajador.

Por lo tanto, amor al trabajo.

El desapego

Al mismo tiempo tenemos que estar desapegados del propio trabajo, porque Cristo pide el desapego también de los campos, las propiedades. Al respecto, sin embargo, pone en acción una promesa de Jesús: si se dejan padre, madre, esposa, hijos y campos...se recibe cien veces más en esta vida y la vida eterna (cf. *Mt* 19, 29).

Y ya que en el Movimiento se vive así, uno se encuentra frente a un céntuplo, a un capital que no puede faltar.

A ese capital, efecto de la Providencia de Dios por haber pospuesto o dejado todo por Él, lo hemos llamado *capital de Dios*.

Con respecto a esto comprendimos que eran necesarias tres actitudes: reavivar el espíritu de pobreza; no vivir de renta; decidir que la Obra no pueda poseer más que bienes de uso directo.

La pobreza

Estrechamente vinculada al aspecto de la comunión de los bienes, de la economía y del trabajo, se halla la pobreza que todos tratan de vivir, y de la cual los miembros consagrados hacen voto o promesa.

Los reglamentos de cada rama especifican los distintos criterios de actuación de la pobreza, que se debe vivir según la imagen de Jesús pobre, y que exige una administración de los bienes siempre transparente, además de otras normas.

En el Movimiento la pobreza no es un fin en sí misma, sino que es efecto de la caridad. Porque se ama se da y se permanece pobre, sólo con lo necesario. Pero, para los miembros de la Obra, la pobreza es puntal de la caridad; ayuda a la caridad.

La economía de comunión

La última expresión nacida en este campo es la *economía de comunión*[2] que, con las ganancias que produce, debe completar la comunión de los bienes. Por medio de ésta se propone hacer surgir empresas, confiadas a personas competentes, capaces de hacerlas funcionar eficientemente y obtener beneficios. Éstos últimos se ponen en común, destinando una parte como ayuda a los pobres proveyéndoles con qué vivir hasta que encuentren un trabajo; otra parte se destina a desarrollar estructuras de formación de personas animadas por el amor; y una última parte para desarrollar las propias empresas.

En *Diálogo de la Divina Providencia*, de Santa Catalina de Siena, encontramos que Dios le dice, a propósito de clérigos poco observantes en este campo: "(...) De las cosas temporales, te dije que se deben hacer tres partes: una para sus propias necesidades (nos recuerda la parte para la empresa); otra para los pobres; y la tercera para utilidad de la Iglesia (lo cual hace pensar en las estructuras de una Obra que es Iglesia)"[3].

Tal vez es una confirmación.

---

2. La idea de la Economía de comunión como un nuevo actuar económico fue propuesta por Chiara Lubich en 1991, en Brasil, observando las favelas que rodean a la ciudad de San Pablo, definidas por el card. Arns, arzobispo del lugar, como "la corona de espinas".
3. S. Catalina de Siena, en *Obras Completas*, Madrid, ed. BAC, 1980, p. 286.

2. EL AMOR IRRADIA

La irradiación o, como se suele decir, el apostolado.

Este aspecto es muy amplio. Nos limitaremos a tomar, de aquí y allá, algunas indicaciones que se encuentran en los escritos de los primeros tiempos. Pero, apenas se lee alguna página, ya se comprende que lo que dice Juan Pablo II con respecto a la espiritualidad, se puede aplicar también a nuestro apostolado: "La primera chispa inspiradora ha sido el amor"[1].

Sí, ha sido el amor; una la chispa que se encendió, derramó su luz alrededor y estalló en un incendio.

El amor irradia; el amor por sí mismo da testimonio.

Sé que se afirma: "El amor es el alma del apostolado"[2]. Pero no basta: el amor es el *primer* apostolado, el amor al prójimo como expresión del amor a Dios.

Todo miembro de la Obra está llamado no sólo a evangelizar, siguiendo la línea del "Vayan y anuncien a todos los pueblos". Aún cuando la palabra entra en acción, no puede ser sólo una exposición de la fe católica. La palabra debe ser respaldada por el testimonio (por el amor) y acompañada por la experiencia. Así hicieron los primeros cristianos y lo mismo tiene que suceder también hoy.

---

1. *Insegnamenti di Giovanni Paolo II*, VII/2; 1984, p. 223-225.
2. Es el concepto de la famosa obra de J.B. Chataurd, *L'âme de tout apostolat*, Paris, 1945 (trad. cast.: *El alma de todo apostolado*) [N.d.E.]

Amor, no proselitismo

A partir de una carta de 1948 se comprenden dos cosas: que el amor es el motor del apostolado y que el apostolado es constitutivo de la vida cristiana.

En una carta dirigida a algunas jóvenes escribí: "(...) Que toda (la ciudad) caiga en el horno del Amor del Corazón de Jesús.

Hermanas mías, Jesús se alegra cuando sabe que otras hermanas se han unido a ustedes, pero al mismo tiempo llora porque conquistaron pocas a Su Corazón.

Perdónenme si les hablo así. Antes tendría que reprobarme a mí misma, pero déjenme que les diga lo que pienso. No me digan que (sus conciudadanos) son 'duros', etc., etc.

No es verdad. ¡*El amor todo lo vence!*

¡Lo que falta en nuestros corazones es el amor! Demasiado a menudo pensamos que amar a Dios significa (solamente) frecuentar ambientes religiosos, mucho tiempo dedicado a la oración, horas de adoración.

¡La religión no es esto solamente...!

Es (también) ir en busca de la oveja perdida; es hacerse todo a todos. Es amar práctica, dulce y fuertemente a todas las personas que están a nuestro lado, como a nosotros mismos, y desearles lo que deseamos para nosotros (...).

El Señor necesita urgentemente almas así: ¡de fuego!...

Y qué pocas encuentra...

Amemos... Abramos el círculo de la unidad al mayor número de almas posible. ¡Eso es amar a Dios![3]".

En 1954, después de habernos concentrado por un tiempo en establecer la estructura esencial de la Obra, y habiendo dejado entonces el apostolado un poco en segundo plano, escribíamos lo siguiente:

---

3. Lubich, Ch., *Carta*, Trento, 4 de noviembre de 1948.

"(...) Está llegando el momento de volver a lanzar nuestro Ideal al mundo (...) como un incendio. Pero para lograrlo es necesario que se encuentre en nuestro ánimo aquella misma vida tan fructuosa que teníamos en los primeros tiempos, cuando conquistábamos a Dios a muchas personas sólo porque deseábamos expresar al Señor nuestro amor.

Ese desinterés era el imán que atraía a muchos, y hacía que a nuestro alrededor se formara la comunidad. ¿Recuerdan?"[4].

En 1956 nuestra correspondencia se dirigía ya a otras naciones, donde se iniciaba el Movimiento.

Esto es lo que escribía a Francia:

"Queridísimas francesas, sus cartitas me transmitieron vuestra alegría por la jornada que se hizo en Grenoble.

[Los nuestros] volvieron felices (...). Me han dicho que tuvieron la impresión de revivir los primeros tiempos del Ideal (diez, trece años antes), cuando las primeras focolarinas vivían en Plaza de los Capuchinos. Esto me ha dado una enorme alegría, porque he pensado: si hace diez años no había casi nada en Italia, sino solamente un gran fuego en Trento, y ahora Italia está sembrada (aquí y allá) del Ideal (...), dentro de algunos años (sucederá lo mismo) en (...)Francia (...).

Estoy segura de ello, porque no son ustedes la fuerza del Movimiento, sino Jesús entre ustedes y Él realiza cosas grandes.

Sin embargo, lo cierto es que Jesús se sirve de ustedes.

Por eso les suplico con el corazón en la mano: ¡ámenlo con locura! (...). Francia debe caer en la red de Jesús. Dios así lo quiere: que venga su Reino, ¡qué venga, qué venga!

Ustedes son pequeñas, pobres, llenas de dificultades: pero por eso mismo Dios obrará. Así hizo con nosotras. ¡Así hará con ustedes!"[5].

---

4. *Id.*, *Carta*, Roma, 3 de noviembre de 1954.
5. *Id.*, *Carta*, Roma, 13 de diciembre de 1956.

Amor arraigado en el dolor

Por otra parte, para difundir mejor nuestro Ideal, contábamos muchísimo con el dolor.

"Queridísima, quedé muy contenta de tu carta: he sentido palpitar en ella el alma de alguien que Jesús ha llamado a seguirlo en su abandono. Aprovecha la soledad en la cual él te ha dejado para estar a solas con él. Pero después, sal enseguida a cumplir su voluntad que es incendiar el mundo (...).

Si estás en la cruz, atraerás a todos a ti... a Jesús (...)"[6].

Luego, se recomendaba (lo cual demuestra que nuestra espiritualidad, además de ser colectiva, es también personal) la oración y la mortificación para alcanzar el objetivo.

"Queridísimas responsables de las zonas[7], el Centro decidió que ustedes mismas visiten toda la zona, llevando a cada alma el incendio del amor de Dios (...).

Mientras realizan esta obra, sean muy fervorosas en la oración y en la unión con Dios, para que esta tarea tan delicada se pueda realizar en profundidad y con óptimos resultados y las personas puedan dar lo máximo para la gloria de Dios. Manténganse alejadas y mortificadas del mundo que las rodea. Jamás conoceremos tan a fondo lo que sucede y lo que se debe saber, como cuando estemos unidas únicamente a Dios y perdidas completamente en nuestro Ideal"[8].

El fuego que Jesús trajo es el amor; es el amor el que conquista.

Este fragmento es de 1955:

"'Fuego he venido a traer...' Pero, ¿por qué fuego? ¡Porque Él es fuego; porque Cristo es Dios y Dios es amor!

---

6. Cf. *Id.*, *Carta*, Roma, 22 de abril de 1955.
7. Las y los responsables de zona son las personas nombradas por el Movimiento (para la parte femenina y masculina) en sus distintas circunscripciones territoriales, llamadas "zonas" [N.d.E.]
8. Cf. Lubich, Ch., *Carta*, Roma, 16 de junio de 1955.

(Pero) hay fuego cuando se quema algo, cuando conquista. ¡Un amor que no conquista se apaga! Por lo tanto, una persona no puede jactarse de tener a Cristo en sí misma, si ese fuego no quema, si ese fuego no conquista"[9].

Apostolado hecho en unidad

El apostolado típico del Movimiento consiste, sobre todo, en hacerlo en unidad: "que sean uno para que el mundo crea"...

En esta necesaria y obligatoria unidad reside, para quien sigue esta espiritualidad, ese *algo más* de nuestra irradiación o, si queremos llamarlo así, de nuestro apostolado. *Algo más*, porque generalmente esto no se exige a quien quiere ser apóstol.

Encontramos escrito:

"Identificarse con Jesús, ser otro Jesús... Y hacerlo en favor de cuantos están a nuestro lado, sin excluir a nadie. (...) Después, apenas el espíritu del Ideal penetra en un alma, vincularla espiritualmente a nosotros para que Jesús esté vivo entre nosotros, encontrando en Él la fuerza para conquistar otras almas al perfecto amor de Dios"[10].

Hay un episodio que se nos ha quedado grabado en lo más profundo de nuestro corazón. En él está el secreto de nuestra irradiación, el punto del cual es necesario partir.

En una conversación de 1962 se afirma:

"(...) Caminaba por las calles de Einsiedeln y veía pasar muchas personas de diferentes Órdenes religiosas. Se veían hermosos los hábitos de aquellas religiosas, de esos religiosos, enmarcados en una naturaleza espléndida. Allí comprendí

---

9. Cf. *Id.*, *Discurso*, "I sette colori", Vigo di Fasa, 19 de agosto de 1955.
10. Cf. *Id.*, *Carta*, Ostia, 18 de abril de 1950.

cómo los fundadores estuvieron verdaderamente inspirados al vestir a sus hijos de esa determinada manera.

(Entre éstos) me impactaban especialmente las hermanitas de Foucauld. Pasaban en bicicleta. El rostro radiante, con aquellos pañuelos de lavanderas a la cabeza. Esos rostros tan vitales me hacían recordar lo que se decía de su fundador, Foucauld, que gritó el Evangelio con toda su vida.

De hecho, aquellas religiosas parecían decir: 'Felices los pobres de espíritu; felices los que lloran, felices...'.

No eran las bienaventuranzas que el mundo desearía, era el escándalo del Evangelio.

Entonces sentí nacer dentro un gran deseo: el de dar también yo, externamente, mi testimonio.

(Pero) (...) no me venía la respuesta.

En un momento dado me encuentro con una compañera y le digo: 'Sabes (...) he notado que esas religiosas hacen apostolado conmigo sin decir nada, sin palabras, sólo con el hábito que llevan...' y deseaba que también nosotros lo pudiéramos hacer. Pero, ¿en qué podrán reconocer a Dios de nosotros? ¡Ah! – entendí – 'en esto reconocerán que son mis discípulos, si se aman los unos a los otros'.

El amor recíproco era, por lo tanto, nuestro hábito. El morir en la caridad recíproca es para nosotros nuestro (típico) apostolado"[11].

Luego, el hecho de que también usemos la palabra –"ay de nosotros si no evangelizáramos" (también de esta manera)–; de que con los años hayamos sentido la urgencia y la vocación, diría, de predicar incluso desde los techos; de que hagamos discursos y los reproduzcamos para el bien de muchos, como permiten los modernos medios de comunicación; todo esto debe venir después.

---

11. Cf. *Id.*, *Discurso a las focolarinas*, "I primi due aspetti", Grottaferrata, 25 de diciembre de 1962.

También las estructuras evangelizan

No sólo las personas bien unidas tienen el deber de irradiar, sino también las estructuras, a comenzar por el focolar. El focolar mismo recibe nueva vida de esta irradiación.

En un escrito de los años '50 leemos:

"¡El focolar está formado por personas que se unen para vivir en comunidad con el único fin de realizar entre ellas y a su alrededor el Testamento de Jesús: 'Padre, que todos sean uno'. En la recíproca caridad (...), se transforman en Jesús, en amor, y el focolar se vuelve realmente Fuego: sólo Fuego.

De manera que, si un hermano pasa por el focolar (...) y no es quemado al punto de irse luminoso, encendido y en paz como los focolarinos, quiere decir que ese focolar está apagado.

(Y) un focolar apagado no es que no haga nada, hace daño. Un focolar encendido, en cambio, hace lo que debe: hace el bien"[12].

El focolar es, pues, un medio potente de apostolado. Y esto es válido hoy para cada una de nuestras formas de vida comunitaria: desde los núcleos de voluntarios a las unidades gen, los Centros, las ciudadelas, los presbiterios, los conventos, las células de ambiente, etc.[13].

En 1956 se estaba desarrollando otra estructura, aunque funcionaba en forma temporal, una Mariápolis[14] en las Dolomitas: una joya, un divino brillante, un medio celestial de irradiación. Pero también un lugar donde se recobraban las fuerzas espirituales para poder seguir irradiando.

En un escrito de esa época, en el cual ya se prevé la Mariápolis permanente, se lee:

---

12. Cf. *Id.*, *Escrito*, "Il focolare", 1950.
13. Hace referencia a los diversos grupos de las distintas ramas. [N.d.E.]
14. Por "Mariápolis" ver p. 129 nota 16. [N.d.E.]

"(...) Muchos han hablado de la Mariápolis, y han hablado bien. Era lógico: la ciudad de María (...) no podía dejar de ejercer una fascinación especial, a veces con efectos extraordinarios.

Santa Catalina dice que una cosa se llega a conocer bien conociéndola en sí misma, pero mejor todavía conociendo su opuesto"[15].

Al respecto, escribí lo siguiente:

"Cuando partió la mayor parte de los ciudadanos mariapolitas (...), allá arriba [en la montaña] era como si todo hubiera terminado. Seguían estando el mismo cielo azul, los prados verdes, las cumbres de San Martino majestuosas, las casas, las calles, la iglesia: todo era igualmente hermoso, sí, pero faltaba María; faltaba Su Ciudad, Su familia, compuesta de hijos de todo tipo (...), de personas muy unidas a Dios con una vida inocente, o que acababan de volver bajo la mirada de María, por mucho tiempo esperados y felices ahora como todos.

Les aseguro que, desde que conozco nuestro Ideal, siempre he tratado de no mirar nunca atrás, pero esas calles vacías, ese valle lleno de sol, que (sin embargo) tenía apariencia de cuerpo muerto, me hacían reflexionar sobre ese dulce sueño de dos meses de encanto mariano, y si bien no miraba atrás, miraba a lo alto, e inconscientemente le pedía a María que perpetuase aquí abajo Su ciudad.

Es cierto que debemos hacer de cada ciudad otra Mariápolis, pero (puede ser que el Señor quiera) que en un lugar se glorifique perpetuamente a María con una vida siempre encendida, un lugar donde uno se pueda refugiar para recobrar las fuerzas, como el soldado que vuelve a casa desde el cuartel, un anticipo de Cielo aquí abajo, mientras somos Iglesia militante, donde nos fortalecemos para volver a luchar porque avance el Reino de Dios y su Iglesia en el mundo: una Mariápolis permanente.

---

15. Cf. *Id.*, *Carta*, 22 de septiembre de 1956.

Que la Virgen María nos haga este regalo"[16].

Un anticipo del Cielo... Probablemente es así. La Mariápolis permanente de Loppiano ha sido definida: un videoclip del Paraíso[17].

Y hoy, de estos videoclips del Paraíso, María construyó y está construyendo en el mundo una veintena.

---

16. *Ibid.*
17. La Mariápolis de Loppiano está ubicada en el municipio de Incisa Valdarno, Florencia (Italia). Nació en 1965 y hoy cuenta con 800 habitantes aproximadamente. Ver p. 129 nota 16. [N.d.E.]

3. EL AMOR ELEVA

El tercer aspecto de la espiritualidad de la unidad es el que concierne a la vida espiritual.

De hecho, el amor que nos hace ser Jesús, no sólo crea "comunión", no sólo "irradia", sino que también "eleva": es principio y fuente de nuestra vida interior, de nuestra unión con Dios, de nuestra verdadera oración. En esta conversación nos concentraremos en la oración, la meditación y la unión con Dios.

La oración

En cuanto a la oración consultaremos, una vez más, escritos de diferentes periodos o temas que expusimos, para ver cómo el Espíritu Santo, a través del carisma de la unidad, nos enseñó a orar.

No nos detendremos en la oración comunitaria que ofrece la liturgia, ni en las oraciones de personas con vocaciones particulares, como los sacerdotes y religiosos. Nos referiremos a la oración que se requiere a todos en general.

Como sabemos, la oración, que es relación con Dios, es constitutiva del hombre, es inherente a la naturaleza humana. Creado por Dios a su imagen y semejanza, el ser humano puede establecer una relación personal con él, de tú a Tú.

Por el conocimiento, por ejemplo, de nuestros hermanos de otras religiones, se hace evidente que orar forma parte de la naturaleza del hombre. Entre ellos se descubren textos de oración de una extraordinaria belleza, que dan testimonio de una acción de Dios secreta, pero eficaz, que siempre impulsa al hombre a orar.

El hombre es realmente tal si reza

Esto vale también para los cristianos. Ya que somos hermanos de Jesús por gracia, en él encontramos el modelo de nuestra relación con el Padre. De hecho, la vida de Jesús no era únicamente predicar o hacer milagros, ni se limitaba sólo a llamar a los discípulos a seguirlo; también se sumergía en la oración. Es más, así como Jesús estaba siempre en comunión con su Padre, estaba siempre ante él, así deberían estar también sus seguidores.

Como todos saben, los cristianos rezan de distintas maneras. Por lo tanto, podemos destacar los aspectos más típicos y salientes de la oración, también de quien recibió el carisma de la unidad.

Éstos emergen claramente al comparar nuestra oración con la que practicaban los cristianos, incluso los más preparados, por lo menos en nuestros pueblos, cuando se iniciaba el Movimiento.

Recuerdo que se decía que en la oración "deben trabajar la mente, la voluntad y el corazón. La mente debe reflexionar sobre las palabras pronunciadas; la voluntad debe esforzarse en formular propósitos; el corazón debe amar lo que se promete, para poder realizarlo"[1].

Sin duda, eran consejos excelentes.

---

1. Cf. "Carta de Silvia Lubich a las aspirantes", Bozzana, 22.07.1939.
(Silvia es el nombre de bautismo de la Autora, luego cambiado por Chiara en la Tercera Orden Franciscana [N.d.E]).

Orar siempre

Sin embargo, en el Movimiento la oración asumió enseguida otro carácter. Por ejemplo, desde los primeros meses destacábamos el deber de "orar siempre", como Jesús pedía. ¿Pero, de qué modo rezar siempre? Es lógico que esto no podíamos hacerlo multiplicando las oraciones...

Podíamos orar siempre si éramos Jesús. De hecho, Jesús ora siempre.

Sí, al hacer cualquier acción, no éramos nosotros los que vivíamos, sino Cristo en nosotros, nuestra jornada podía ser una oración constante. Y esto era posible si hacíamos que nuestra vida se basara en el amor, siendo una expresión viva de la palabra "amor", síntesis de toda la Ley y los Profetas.

Otro modo de "orar siempre" –que más adelante comenzamos a poner en práctica– fue el de ofrecer cada una de las acciones a Dios, durante la jornada, con breves expresiones de amor tales como: "Por ti, Jesús".

De esta manera, todo nuestro obrar se podía transformar en una acción sagrada. Estábamos y estamos convencidos de que, por ejemplo, ofreciendo el trabajo a Dios, y desempeñándolo bien, se coopera con Dios en la creación del mundo; somos co-creadores.

Este tipo de oración es muy sentido en nuestros días, dado que hoy se ve al mundo y todo el cosmos en evolución y se recuerda al hombre su deber de "someter la tierra" (*Gen* 1, 28).

Además, trabajando por una Obra de Dios, y por lo tanto por la Iglesia, colaboramos con Cristo en la redención del mundo.

La gran actividad, que desde siempre ha caracterizado al Movimiento, habría podido perjudicar la oración, hacerla imperfecta e indigna de ser ofrecida a Dios. Por este motivo, en el Movimiento siempre hemos pensado que es necesario dar un lugar privilegiado a la oración.

Pero veamos lo que escribimos en un comentario a la Palabra: "¿De qué le servirá al hombre ganar el mundo entero si pierde su vida?".

"¿De qué nos serviría –escribíamos ya en los primeros tiempos– hacer tanto por conquistar para Dios muchas personas, si nuestra alma se quedara atrofiada e imperfecta porque no encuentra una hora tranquila para ese alimento típico que es la oración? ¿O cuando esas oraciones, que son para nosotros un deber sagrado, son pronunciadas en medio de distracciones, superficialmente y con apuro o son abreviadas?"[2].

Obstáculos para la oración

Siempre en relación a los defectos que podía tener nuestra oración, escribí:

"Poder estar en comunión con el Omnipotente y hacerlo tan pocas veces, tan de prisa y, a menudo, con desgano. Al final de la vida nos arrepentiremos de haber dado tan poco tiempo a la oración"[3].

Otro obstáculo para la oración puede ser un estado de aridez espiritual. Sin embargo, en quien se ha comprometido a vivir la espiritualidad de la unidad se advierte una cierta facilidad para superar la aridez en la oración. La aridez, en efecto, no es más que un aspecto de Jesús Abandonado, un rostro suyo, y así como se pasa de la cruz a la resurrección en otros casos, también en éste sabemos cómo hacer.

Vemos como muy providencial el hecho de que se pueda, por lo general, superar la aridez. En medio del mundo, como vivimos la mayoría de nosotros, es conveniente que algunas pruebas espirituales no se prolonguen demasiado, porque tenemos que superar otras.

---

2. Lubich, Ch., *Juntos en camino*, Buenos Aires, Ciudad Nueva, 1988, p. 38
3. *Id.*, "Fragmentos", en *Escritos Espirituales/1*, op.cit., p. 271

Además, al momento de orar, es importante también nuestro estado físico. De hecho, hay que tratar de no llegar demasiado cansados al momento de la oración, para no estar frente a Dios sin fuerzas, sin capacidad de concentración; para no darle los momentos menos felices de nuestra jornada.

Preparación para la oración

También estamos convencidos de que la oración debe ser preparada. Los más expertos afirman que la oración necesita una preparación remota y una próxima.

La preparación remota consiste en mantenerse con el corazón desapegado de todo. Y creo que quien más quien menos, todos los miembros del Movimiento se esfuerzan en ello. De hecho, su vida es una elección continua de Jesús crucificado y abandonado; y con esto se pierde, se pospone todo.

A menudo hablamos de los desapegos, de las "podas" y, sobre todo, del desapego que conlleva el vivir proyectados en el amor hacia los hermanos, el "vivir los demás" y no nosotros mismos. Sí, esperemos que esta preparación exista; por lo menos ése es nuestro esfuerzo cotidiano.

La preparación próxima, en cambio, consiste en un momento de recogimiento antes de empezar.

Por otra parte, se ha advertido y se advierte, lo absolutamente imprescindible y valiosa que es la oración. "En el Cielo —escribía en 1989—, adonde esperamos ir, la vida no será tanto apostolado, u otra cosa. Será sobre todo acción de gracias, adoración a Dios, Trinidad Santísima. Ya desde ahora debemos aprender a vivir como viviremos allá en el Cielo"[4].

---

4. *Id., Diario,* 22.5.'72; cit. por Marisa Cerini en *Dios Amor en la experiencia y en el pensamiento de Chiara Lubich*, Madrid, Ciudad Nueva, 1991, p. 69.

Así oraba Jesús

Pero en el Movimiento existe una oración que –con las infinitas y divinas riquezas que contiene– está toda en una palabra, en una única palabra que Jesús pronunciaba y que nos ha enseñado, y que el Espíritu pone en nuestros labios.

Jesús oraba, oraba a su Padre. Para Jesús el Padre era "Abbá", es decir, papá, papito, a quien se dirigía con palabras de infinita confianza y un amor ilimitado. Jesús oraba al Padre estando en el seno de la Trinidad, donde él es la segunda Persona Divina.

Pero, como había venido a la tierra por amor a nosotros, no le bastó estar él en esa condición privilegiada de oración. Muriendo por nosotros, redimiéndonos, nos hizo hijos de Dios, como él, hermanos suyos, y también nos dio, a través del Espíritu Santo, la posibilidad de ser introducidos en el seno de la Trinidad, en él, junto con él, por medio de él. De esa manera también nosotros pudimos sumarnos a esa divina invocación: "*Abbá*, Padre" (cf. *Mt* 14, 36; *Rm* 8, 18) –"Papá, padre mío, nuestro"–, con todo lo que esto comporta: total abandono en su amor, certeza de su protección, seguridad, consolaciones divinas, fuerza, ardor que nace en el corazón de quien está seguro de ser amado...

Ésta es la típica oración cristiana, una oración extraordinaria. No se la encuentra en otra parte, ni en otras religiones. A lo sumo, si se cree en una divinidad, se la venera, se la adora, se le suplica estando, por decirlo de algún modo, "fuera" de ella. Aquí no, aquí se entra en el corazón de Dios.

Naturalmente, podemos decir "*Abbá*, Padre", con todo el significado que esta palabra comporta, sólo si el Espíritu la pronuncia en nosotros.

Y para que esto suceda es necesario también –como exige el carisma de la unidad– ser Jesús, ninguna otra cosa que Jesús.

La meditación

También la meditación está entre las prácticas de piedad en las que se empeñan los miembros del Movimiento.

Es lógico que si estamos llamados a una espiritualidad personal y colectiva al mismo tiempo, es preciso edificar, junto al "castillo exterior" (o sea, la Obra, la Iglesia) el "castillo interior", es decir, nuestra íntima unión con Dios. Y esto se logra sobre todo por medio de la meditación.

También para ella es necesario prepararse. Si no hacemos el pequeño esfuerzo de recogernos, y no cerramos los "postigos" para buscarlo, que quiere decir silenciar los sentidos, cerrando los ojos, por ejemplo, Dios no puede dejarse encontrar (los místicos dicen que Dios está en el centro del alma); tampoco puede quedarse con nosotros inundándonos con su presencia, y con todas las cosas hermosas que él posee.

Encontramos este escrito de 1972:

"¡La Trinidad dentro de mí!
¡El abismo dentro de mí!
¡La inmensidad dentro de mí!
¡La vorágine de amor dentro de mí!
¡El Padre, que Jesús nos ha anunciado,
dentro de mí!
¡El Verbo!
¡El Espíritu Santo, que quiero poseer siempre para servir a la Obra,
dentro de mí!
No pido nada mejor.
Quiero vivir en este abismo,
perderme en este sol,
convivir con la Vida Eterna.
¿Entonces? Podar la vida afuera
y vivir la de adentro.
En la medida que corto las comunicaciones

con el exterior
(palabras inútiles, etc.),
tanto más hablo con la Trinidad
dentro de mí"[5].

¿Con qué hacer meditación?

Siempre tuvimos la convicción de que debíamos hacerla exclusivamente sobre la Sagrada Escritura y sobre nuestra espiritualidad. A quien forma parte de un Movimiento eclesial se le aconseja justamente esto. Es sumamente útil, al despertarse por la mañana, meditar, por ejemplo, sobre la Epístola y sobre el Evangelio del día. Luego se participa mejor de la liturgia, se la aprecia más, es mucho más hermosa.

Si se desea leer textos espirituales, biografías y escritos de santos, etc., se lo puede hacer, es algo excelente, pero como lectura espiritual.

¿Cómo se hace meditación?

Para hacer meditación se empieza a leer un libro con calma, después de habernos puesto delante de Dios. Si, en un momento dado, se tiene la impresión de que Dios tome al alma y la eleve, entonces hay que cerrar el libro, quedarse con él, escucharlo, responderle, amarlo, adorarlo, pedirle gracias.

Puede suceder que, al cabo de un rato, se piense que el diálogo pueda considerarse cerrado. Entonces se vuelve a abrir el libro y se sigue leyendo. Prácticamente la meditación debe convertirse en un verdadero coloquio con Dios. Nos sentimos escuchados, se le habla, y toda el alma está tomada por él. Es

---

5. Cf. *Id.*, "Cuando la unidad con los hermanos es completa", en *Escritos Espirituales*/1, op.cit., p. 109-110.

como abrir un frasco de perfume que esparce su fragancia en toda la jornada.

En el Movimiento hacemos además la experiencia de que no es bueno hacer meditaciones, podríamos decir, "interesadas", en la que se toman apuntes que pueden servir para otros. Eso se hará luego. En la meditación es mejor estar solos con Dios. Tampoco es bueno leer más de la cuenta, dejándonos llevar por la gula espiritual. No sería amor verdadero.

Efectos

Si la meditación se ha hecho bien, tiene este efecto: anula la atracción por las cosas de este mundo, incluso bellas. Uno es tomado por otra realidad que se experimenta en lo más profundo del corazón: Dios, su amor, la unión con él; para luego volver a estar entre las personas y las cosas de este mundo con todas las intenciones "sobrenaturalizadas".

Unión con Dios

En primer lugar, siempre hemos tenido la convicción de que el carisma de la unidad tiene que llevar a las personas a una gran unión con Dios, precisamente porque es "carisma de la unidad".

Éste es un escrito que habla sobre la unión con Dios:

"Unidad es la palabra síntesis de toda nuestra espiritualidad. Unidad con Dios, unidad con los hermanos. Y nuestro camino específico: unidad con los hermanos para alcanzar la unión con Dios.

En efecto, el Espíritu nos ha mostrado un camino completamente nuestro, plenamente evangélico, para unirnos con Dios. Generalmente nosotros no lo buscamos primero en lo profundo de nuestro corazón o en la naturaleza: lo buscamos y lo encontramos pasando por el hermano, amando al hermano.

"Sólo de este modo –amando al hermano– tenemos garantizada también la unidad con Él, lo descubrimos vivo y palpitante en nuestro corazón. Y esta unidad con Dios es la que nos empuja, a su vez, hacia los hermanos, la que nos ayuda a actuar de tal manera que nuestro amor por ellos no sea ficticio, insuficiente, superficial, sino radical, pleno, completo, un amor cuya sustancia es el sacrificio, dispuesto siempre a dar la vida, capaz de realizar la unidad"[6].

Ésta es una experiencia que todos han hecho desde que el Movimiento nació. Amábamos a los hermanos el día entero y por la noche sentíamos en el corazón la unión con Dios. Unión que, en particular, nunca terminarán de agradecer a Dios los miembros del Movimiento que viven en medio del mundo. Este "experimentar" a Dios, su Reino en nosotros es, en efecto, el antídoto más importante contra el materialismo que impera en todas partes y cautiva a muchos.

Y este escrito de hace años, en forma de oración, subraya una vez más que, amando a los hermanos, encontramos a Dios:

"Cuando la unidad con los hermanos es completa, cuando ha florecido nueva y con crecida plenitud de entre las dificultades –tal como la noche se ha disipado en día, y las lágrimas en luz– entonces, muy a menudo, te encuentro, Señor. Volviendo a entrar al templo de mi alma, te encuentro, o –tan pronto como las circunstancias me dejan sola– me invitas, me atraes, dulce pero decididamente, a tu divina presencia.

Entonces sólo tú reinas dentro y fuera de mí (...). El alma está sumergida como en un delicioso néctar y el corazón parece transformarse en el cáliz que lo contiene. Toda el alma es un canto silencioso que sólo tú conoces: una melodía que llega hasta ti porque parte de ti y está compuesta por ti. (...)

---

6. Cf. *Id.*, *Buscando las cosas de arriba*, op.cit., p. 50.

Entonces... parece extraño –extraño para la inteligencia humana–, hemos estado con los hermanos todo el día y, por la noche, hemos encontrado al Señor, que toda huella, todo recuerdo de criatura ha disipado"[7].

Tenemos la impresión de que este camino es particularmente del agrado de Dios. De hecho, podemos observar que, a quien camina hacia Dios siguiendo un camino más bien individual, el diálogo amoroso y espontáneo con Dios le resulta una conquista, a veces extenuante, que requiere tiempo y que no siempre se alcanza.

En cambio, quien camina por un camino más colectivo, como el nuestro, puede afirmar que, al menos en ciertos momentos, este coloquio se conoce ya desde el comienzo. Inclusive los niños pueden experimentarlo.

Forma parte de nuestra experiencia el que, con el tiempo, esta unión con Dios llega a estar en la base de cada acción, a ser el sustrato.

¿Qué sucede después de haber experimentado la unión con Dios?

"La unión con Dios –se afirma en otra ocasión– se desarrolla luego con múltiples gracias que él dona a nuestra alma, quizás después de haber pasado también pruebas de mayor o menor intensidad. El apóstol Pablo, al enumerar las suyas, habla incluso de revelaciones. En cuanto a nosotros, podemos haber recibido inspiraciones, impulsos divinos a nuestra voluntad que producen conversiones siempre renovadas, como es dado que sucedan en nuestros encuentros, debido a la fuerte presencia de Jesús en medio. O consolaciones especiales o iluminaciones, etc."[8].

Ahora bien, sin duda todos nosotros nos esforzamos por amar al prójimo; todos superamos pruebas y todos recibimos

---

7. *Id., Meditaciones,* op.cit., p. 116-117.
8. *Id., Buscando...,* op.cit., p. 50

gracias. La plantita de nuestra unión con Dios ya tendría que haber aparecido y haberse desarrollado en nuestra alma y podría narrarnos su historia... Podríamos también hacer una lista de los frutos.

Todo ello conforma un patrimonio espiritual muy importante y delicado, que sólo podemos percibir con los sentidos del alma, porque para quien vive en medio del mundo es algo tan extraordinario que sabe a milagroso: es Reino de Dios dentro de nosotros.

Está en nosotros no desperdiciarlo; al contrario, recogerlo, recordando que forma parte de la vida que viviremos en el más allá...

Por otra parte, podemos proteger y hacer crecer este patrimonio espiritual actuando en cuatro direcciones: permaneciendo siempre en la disposición de amar a nuestros hermanos; superando todas las pequeñas y grandes pruebas con el amor a Jesús Abandonado; recordando con gratitud las gracias que Dios derramó en nuestra vida; y finalmente –ya que se trata de vida interior, de relación con Dios–, avivando el fuego, es decir, cuidando de un modo especial las prácticas de piedad: las oraciones de la mañana y de la noche, la meditación, la participación en la Eucaristía, etc.

Estamos seguros de que, como afirman los expertos, Dios llama a todos a esta unión.

Para dar el lugar que le corresponde a la oración, en el Movimiento tenemos siempre como modelo a María, la madre de Jesús. ¿Cómo imaginamos a María?, ¿cómo nos la describen las Escrituras?, ¿cómo es pintada, cantada, esculpida por los artistas de todos los tiempos?

Sin duda no como una persona extrovertida, agitada, impetuosa, siempre corriendo, con la atención puesta sólo en lo que sucede alrededor. Sino como una criatura compenetrada de mística belleza, que revela un inmenso tesoro escondido en su corazón: Dios.

Así tendríamos que ser nosotros.

4. EL AMOR SANA

En el tema precedente nos hemos referido a nuestra vida espiritual, deteniéndonos en particular en lo que a cada uno concierne, como persona.

Nos proponemos ahora reflexionar sobre el cuarto aspecto de nuestra espiritualidad, ulterior efecto del amor que vivimos, relativo no tanto a la vida de nuestra alma, cuanto a la de nuestro cuerpo.

El mismo tiene que ver con la vida física, la salud y todo el itinerario de la vida humana, que comprende a su vez las enfermedades y la muerte, así como también la resurrección; y tiene que ver con la Creación, de la que el ser humano es síntesis.

Ahora bien, dado que la vocación de toda la Obra es el amor, todos los momentos de la vida humana, y más allá, se los vive en el amor y como amor.

En esta breve conversación sólo podré hablar del significado de estas cosas tal y como son consideradas y vividas entre nosotros. Como siempre, me serviré de apuntes, ideas, acentuaciones, pensamientos, iluminaciones que hemos ido recibiendo a lo largo de los años, desde el comienzo.

En general, ¿qué importancia le damos los cristianos a nuestro cuerpo?

Nos lo dice Pablo VI: "(...) El cuerpo humano (...) es sagrado. (...) Sí, lo divino habita en él; (...) la vida humana está impregnada de la idea de Dios. El hombre es Su imagen. Es más: cuando la gracia santifica al hombre, su cuerpo no sólo es instrumento del alma y su órgano, es también el templo misterioso del Espíritu Santo. (...) Se podría decir –sigue Pablo VI– que ante nuestros ojos se abre una concepción nueva de la carne humana; (...) que no altera de ninguna manera la visión de la realidad física y biológica; al contrario, la ilumina y la hace portadora de un nuevo atractivo, (...) que supera la atracción sensible y estética, que son también muy reales y fuertes, y muchas veces tan perversas y fatales; es un atractivo que podríamos decir místico; un atractivo nuevo que ni el placer ni la belleza sugieren, sino que el amor de Cristo inspira"[1].

Acerca de la salud

Si se considera de esta manera nuestro cuerpo, ¿cómo comportarnos entonces con él?

Podemos empezar con alguna reflexión sobre la salud.

En nuestra sociedad, como por otra parte también sucedía en el pasado, al físico muchas veces se lo cuida incluso demasiado. En el afán desesperado de satisfacer los cánones actuales de belleza nos vemos inducidos, por ejemplo, a hábitos alimentarios incorrectos que pueden acarrear graves enfermedades.

Pero nosotros, personas comprometidas cristianamente, ¿cómo tratamos a nuestro cuerpo? Por lo general se percibe un defecto dominante: el activismo, siempre al acecho, aun en los días dedicados al descanso. Es así como, muchas veces, la salud se lleva la peor parte.

En efecto, el no dar al cuerpo la atención necesaria lleva a un desequilibrio entre lo que se dedica al físico y lo que se consume mental y espiritualmente.

Con respecto a esto, consuela, pero no justifica, el constatar que incluso los santos –pienso en San Ignacio– precisamen-

---

1. Pablo VI, *Insegnamenti*, Vaticano, Tipografía Poliglotta Vaticana, 1963, p. 141.

te por eso se arruinaron la salud, aunque esto les sirvió luego de lección para ordenar bien la vida de sus hijos.

Ahora bien, estos pensamientos fueron con frecuencia objeto de preocupación también para nosotros, miembros del Movimiento de los focolares. Por eso se ha aconsejado por ejemplo, en distintas ocasiones, que las vacaciones sean realmente tales, y para eso se organicen los días llenándolos de todo lo que sienta bien a la salud, para no caer en la tentación del trabajo; olvidando nuestros compromisos habituales, hacer caminatas en la montaña o zambullidas en el mar, gimnasia, remar en el lago, jugar al aire libre o por la noche alrededor de la mesa; ver documentales o películas sanas y entretenidas.

Todo ordenado, por lo tanto, con abundante tiempo para dormir, sin horarios demasiado rígidos y una alimentación que nutra y satisfaga.

Por supuesto, en todo esto debemos mantener viva y mejorar siempre nuestra relación con Dios, para oír claramente su voz que nos pide que cuidemos bien nuestro cuerpo mientras él lo quiera, dispuestos a ofrecérselo en cuanto nos lo pida[2].

Pero lo que más ayuda a la salud es llevar siempre una vida ordenada, todos los días. Así pensaban los santos, nuestros modelos. En la actual regla de los Josefinos de Murialdo está escrito: "La serenidad de la vida (...) se favorece (...) con una sabia organización que garantice a cada uno tiempos para la oración, el trabajo, el estudio y el descanso"[3].

Nosotros también –si queremos–, tenemos esa misma posibilidad.

Acerca de la enfermedad

¿Y cuándo se pierde la salud?, ¿cuándo aparece la enfermedad?

2. Cf. Lubich, Ch., *Diario*, 4 de agosto de 1968.
3. *Regola*, "Direttorio", n.º 15, Roma, 1984.

En las culturas orientales y africanas la enfermedad muchas veces es interpretada religiosamente, para un despertar espiritual, por ejemplo. En nuestra sociedad occidental contemporánea, basada sobre todo en el progreso científico y técnico, y por consiguiente caracterizada por una carrera hacia la optimización exasperada de la vida, se ha ido perdiendo, en cambio, el significado espiritual-humano de la enfermedad, hasta considerarla como una molesta debilidad de un organismo que se deteriora por distintas causas, y que la ciencia puede remediar, o espera hacerlo en un futuro próximo.

Por lo que se refiere a la medicina actual, si bien con algunas excepciones, se parte todavía de presupuestos antropológicos que revelan cierto dualismo: considera al cuerpo, con sus órganos y aparatos, como separado de esa maravillosa realidad unitaria que es la persona humana.

Y en el Movimiento, ¿qué se piensa?

Con respecto a los enfermos se tiene una actitud muy clara.

Dado que la salud de los miembros no es sólo suya, sino también un patrimonio de la Obra, cuando alguien no se siente bien debemos buscar todos los modos y medios posibles para curarlo. Al mismo tiempo al enfermo se le pide que esté desapegado de su salud. Es más, se lo alienta a ver en la enfermedad y en la muerte incluso un don de Dios, porque son expresión de su voluntad y por lo tanto de su amor. Cuando se presenta cualquier tipo de enfermedad, se nos invita a creer y a decir que todo es amor, amor de Dios, recordando a Santa Teresa de Lisieux que, cuando tuvo el primer acceso de tos con sangre, no se detuvo en ese síntoma, sino que dijo: "Ha llegado el Esposo"[4].

---

4. S. Teresa de Lisieux, *Storia di un'anima*, Roma, 2000, p. 224.

Pero si la enfermedad y la muerte son amor de Dios, ¿qué significado particular tienen?

Para nosotros las enfermedades son medios de que dispone la Providencia de Dios para extraer, de la masa amorfa de nuestro yo, la figura de Jesús, a Jesús.

Por eso siempre nos atrajo la explicación que da San Vicente de Paul con respecto a las enfermedades: "Con nosotros –dice– sucede lo mismo que con un bloque de mármol del cual se quiere obtener una magnífica estatua de la Vírgen María. ¿Qué debe hacer el escultor para llevar a cabo la idea que hay en su mente? Tendrá que empuñar el martillo y quitar del bloque todo lo superfluo. Para eso empieza a golpear el bloque desde arriba con golpes bien firmes... tanto que parecería que quiere romperlo todo. Pero, después que ha quitado lo más grueso, toma un martillo más pequeño, y luego un cincel, para empezar a modelar la figura en todos sus detalles, y más adelante otros instrumentos cada vez más delicados para dar a la estatua la perfección que tiene en su mente.

Dios usa con nosotros la misma técnica. Tomemos el caso de una hija de la caridad o un misionero. Antes de que Dios los sacara del mundo, eran toscos y rudos, como grandes bloques de mármol. Pero Dios quiere hacer de ellos hermosas estatuas y para eso empieza a martillar y a golpearlos desde lo alto con fuertes golpes de martillo. (...) Quien no sabe ver más que las apariencias (en las pruebas espirituales o físicas) podrá decir que esa hija es desafortunada; pero si uno sabe leer el plan de Dios, verá que todos esos golpes tienen como único objetivo dar forma a aquella hermosa idea"[5].

Por otra parte, en el Movimiento tenemos nuestro concepto del enfermo, de los enfermos.

En un diario de abril de 1968 se lee:

---

5. Auclair, M., *La parola a San Vincenzo de' Paoli*, Roma, 1971, pp. 289-290.

"En el trabajo, en los triunfos... que esta Obra exuberante y floreciente comporta, a veces caemos en la tentación de ver, en las personas que sufren, casos marginales que debemos cuidar, visitar, pero en lo posible ayudar a restablecerse para que vuelvan enseguida a la actividad, como si esto fuera nuestro primer deber, el centro de nuestra vida.

En cambio, no: aquellos de nosotros que sufren, están enfermos, o mueren, son los elegidos. Ellos ocupan un lugar central en la jerarquía de amor del Movimiento. Son los que más hacen, más realizan"[6].

En otro momento escribí: "Hay que ver a los enfermos como hostias vivas, que unen el proprio sufrimiento al de Cristo, dando así la mejor contribución al desarrollo de la Obra y de la Iglesia"[7].

También el Papa Juan XXIII era de esta idea. Escribía a un obispo en retiro: "Ahora tu misión ha cambiado (para con la Iglesia); debes rezar por ella. Y esto no es menos importante que la acción".

Es hermoso y también interesante en este punto acercarse a algunas de las reglas de vida de familias religiosas, para ver cómo el Espíritu Santo es constante en el sugerir a los distintos fundadores normas *semejantes* a las nuestras.

En la Regla de San Benito, por ejemplo, leemos en el capítulo XXXVI: "El cuidado de los enfermos debe estar antes y con preferencia a cualquier otra cosa (...)"[8].

En una Regla no aprobada de San Francisco dice: "Le ruego al hermano enfermo que dé gracias por todo al Creador y que, como lo quiere el Señor, desee tanto estar sano como enfermo, pues a todos los que Dios predestinó a la vida eterna,

---

6. Lubich, Ch., *Diario*, 11.4.1968.
7. *Estatutos de la Obra de María*, art. 52.
8. *Regole monastiche antiche*, a cargo de G. Turbessi, Roma, 1978, p. 442.

los educa con requerimientos estimulantes (...), pues el Señor dice: 'A quien amo, corrijo y castigo'"[9].

Por consiguiente, la enfermedad es amor, todo es amor lo que hace sufrir, tanto para San Francisco como para nosotros.

Además en el Movimiento las enfermedades, con su carga de sufrimiento, son vistas como pruebas de Dios para la prueba final: el pasaje a la Otra Vida.

En los años '60 escribía:

"Dios, haciéndose hombre y, por consiguiente, mortal, nació en esta tierra para morir.

Éste es entonces el sentido de la vida: vivir como el grano de trigo cuyo destino es morir y marchitarse en favor de la vida verdadera y eterna. (...)

Tenemos que considerar las enfermedades que nos llegan como peldaños preparados por el amor de Dios para escalar la cima, pruebas para 'la prueba': pequeño estado de hostias, no perfectamente consumadas, para el *consummatum est* (*Jn* 19, 30) completo que a todos nos espera.

Así: mortales con el Mortal, para resurgir con él e iniciar una Vida que no tendrá fin.

Señor, que el hacer tu voluntad sea el incienso que te ofrecemos en esta "Misa" que preparamos"[10].

Por otra parte, es muy conocido el escrito que se titula "Su misa, nuestra misa". Habla del dolor. Tal vez sea útil –en este tema– citar una parte, porque se puede leer también aquí el sentido que tienen para nosotros las enfermedades y sufrimientos:

"Si sufres y tu sufrir es tal
que te impide toda actividad,
acuérdate de la Misa.

---

9. *Regola non bollata*, X, 3, Fonti Francescane, op.cit., n. 35.
10. Lubich, Ch., "Fragmentos", en *Escritos Espirituales/1*, op.cit., pp. 247-248.

En la Misa,
hoy como entonces,
Jesús no trabaja, no predica:
Jesús se sacrifica por amor.
En la vida se pueden hacer muchas cosas,
decir muchas palabras;
pero la voz del dolor,
quizás sorda y desconocida para los demás,
del dolor ofrecido por amor,
es la palabra más fuerte:
la que conmueve al Cielo.
Si sufres,
sumerge tu dolor en el suyo:
di tu Misa; (...)
y deja correr tu sangre
en beneficio de la humanidad:
¡Como él!
¡La Misa!
¡Demasiado grande para ser comprendida!
Su Misa, nuestra Misa"[11].

Acerca de la ancianidad

Hay un escrito muy antiguo, en uno de nuestros libros de espiritualidad, que explica también el concepto que en el Movimiento se tiene de esa especie de enfermedad natural que es la ancianidad.

"A los ojos de Dios, ¿qué será más hermoso: el niño que te mira con ojos inocentes, tan semejantes a la naturaleza límpida y tan vivos, o la jovencita que deslumbra con la lozanía de una flor apenas abierta, o el anciano (...) casi del todo inhábil, a la espera quizás sólo de la muerte?

---

11. *Id.*, *Meditaciones*, op.cit., pp. 35-36.

El grano de trigo, más tenue que un hilo de hierba, aferrado a los granos hermanos que forman la espiga, que espera madurar y desgajarse, solo e independiente (…) es bello y lleno de esperanza.

Pero también es bello cuando, ya maduro, es elegido de entre los otros, por ser mejor, para que, enterrado, pueda dar vida a otras espigas. (…)

Es bello, es el elegido para las futuras generaciones de mieses.

Pero cuando ya bajo tierra, marchitándose, reduce su ser a poca cosa, más concentrada, y lentamente muere, pudriéndose, para dar vida a una plantita, distinta de él, pero que de él recibe la vida, tal vez entonces, es más bello todavía.

Bellezas distintas.

Una más hermosa que la otra.

Y la última, la más bella. ¿Será que Dios ve así las cosas?

Esas arrugas que surcan la frente de la viejecita, ese andar curvo y tembloroso, esas pocas palabras llenas de experiencia y sabiduría, esa mirada dulce de niña y mujer a la vez, pero más buena que la una y que la otra, *es una belleza que nosotros no conocemos*. (…)

Yo pienso que Dios ve así las cosas y que el aproximarse al Cielo es muchísimo más atrayente que las distintas etapas del largo camino de la vida, que en el fondo sirven sólo para abrir esa puerta"[12].

Acerca de la muerte

"No es para tener pensamientos negros –decimos nosotros– sino de oro, que pensamos en la muerte. (…)

Cuanto más se aprecia y se profundiza en el dolor, más se comprende también que la muerte es la última ofrenda

---

12. *Ibid.*, pp. 120-122.

nuestra, de 'sacerdotes reales', aquí en la tierra; por tanto, la culminación de nuestra vida"[13].

También hay alegría al pensar en la muerte. A veces en el Movimiento se la considera como lo hacía San Francisco: hermana muerte.

"La muerte –está escrito –, si la misericordia de Dios nos lo concede, significará ver a María, ver a Jesús. ¿Cómo ponerle entonces luto a este pasaje, aunque (…) suceda en la cruda realidad de una larga o breve agonía o, de todas maneras, en la descomposición del cascarón humano de nuestra vida?"[14].

Pensamos que quien ve la muerte es más bien el que está del lado de acá de quien muere. Pero, quien muere tiene la suerte de ver la vida, porque la muerte es el encuentro con Jesús.

La fe nos dice que veremos inmediatamente a Jesús. Es una verdad de fe que da un inmenso consuelo. San Pablo habla de su "deseo de ser liberado del cuerpo para estar con Cristo" (cf. *Fil* 1, 23). Habla, entonces, de una existencia con Cristo que viene inmediatamente después de la muerte sin esperar la resurrección final (cf. *2 Cor* 5, 8). Por lo tanto, es verdad que –en cierto modo– la muerte no existe: ella es el encuentro con el Señor.

Pero es necesario prepararse a morir, antes de que suceda.
Hacer como Jesús, que vivió para su "hora".
Cada uno de nosotros tiene también su "hora".

Es necesario ponerla por encima de todo lo que ocupa nuestro pensamiento, porque está, en orden de importancia, en la cima de nuestra vida aquí abajo.

Y rezar por ella, en el Ave María, por ejemplo, donde se dice: "Ruega por nosotros, pecadores, ahora y en la hora de nuestra muerte".

---

13. Lubich, Ch., *Sí, sí; No, no*, Buenos Aires, Ciudad Nueva, 1980, p. 127.
14. *Id.*, *Diario*, 14.6.1968.

Por eso, mientras todavía estamos sanos, tenemos que vivir esperando ese momento, eligiendo desde ya el estado de ánimo más adecuado: "Eres tú, Señor, mi único bien" (cf. *Sal* 16 [15], 12).

Y ofrecer esa "hora" por los fines que Jesús nos ha confiado.

Si lo hacemos, nada nos sorprenderá.

Acerca de la resurrección

Pero, al final, resucitaremos. Resucitaremos porque Jesús ha resucitado. Resucitaremos gracias a la Eucaristía de la cual nos habremos alimentado durante la vida: "El que come mi carne y bebe mi sangre, tiene la vida eterna y yo lo resucitaré el último día" (*Jn* 6, 54).

Porque él, Jesús, es la resurrección: "Yo soy la resurrección y la vida; el que cree en mí, aunque muera, vivirá" (*Jn* 11, 25).

Nosotros estamos unidos a Él que se puso, como primer hermano, a la cabeza de todos nosotros para ir hacia el Padre.

Y, ¿cómo resucitaremos?

Resucitaremos con nuestro cuerpo, no con otro, porque somos, como dice Juan Pablo II, una persona irrepetible[15]. Resucitaremos con nuestro cuerpo, pero completamente diferente, espiritualizado, como el cuerpo de Jesús resucitado. Y seremos, si Dios quiere, felices en el Paraíso.

Cuando algún amigo o pariente parte para el Más Allá, muchas veces se dice que "desapareció", se piensa que lo hemos perdido. Pero, no debe ser así para nosotros. "Su vida ha cambiado, no le ha sido quitada"[16].

---

15. Cf. Juan Pablo II, *Uomo e donna lo creò. Catechesi sull'amore umano*, Roma, 1985, p. 79.
16. Prefacio de la Misa de los difuntos.

El amor que nuestro hermano nos daba, el amor verdadero, que tenía raíces en Dios, permanece, porque todo pasa; pasa el escenario de este mundo, pasan la fe y la esperanza, pero la caridad nunca pasará (cf. *1 Cor* 13, 8). Y Dios no puede ser tan poco generoso como para quitarnos lo que él mismo, en el hermano, nos había dado.

Ese hermano, esos hermanos nos siguen amando con una caridad que, ahora, no sufre oscilaciones. (…)

No, no hemos perdido a nuestros hermanos. Están allá, como si hubieran partido de casa para mudarse a otro lugar.

Viven en la patria celestial y, a través de Dios, en quien están, podemos seguir amándonos recíprocamente, como el Evangelio enseña[17].

La resurrección y el cosmos

Hablando todavía de la resurrección, de vez en cuando aparece una idea singular con respecto al hábitat del ser humano, o sea, al cosmos.

Jesús, que muere y resucita, es ciertamente la verdadera causa de la transformación del cosmos. Pero, dado que San Pablo nos reveló que nosotros, los hombres, completamos la pasión de Cristo, y que la naturaleza espera la revelación de los hijos de Dios, también puede ser que Jesús espere el aporte del ser humano, cristificado por la Eucaristía, para llevar a cabo la renovación del cosmos.

Si la Eucaristía es causa de la resurrección del hombre, ¿no podría ser que el cuerpo del hombre, divinizado por la Eucaristía, esté destinado a corromperse bajo tierra para contribuir a la renovación del cosmos? Por lo tanto, podríamos decir que gracias al pan eucarístico el hombre llega a ser

---

17. Cf. Lubich, Ch., *Diario*, 13.12.1968.

"Eucaristía" para el universo, entendiendo por ello que, con Cristo, es germen de transfiguración del universo.

La tierra nos comería, por lo tanto, como nosotros comemos la Eucaristía, pero no para transformarnos a nosotros en tierra, sino a la tierra en "cielos nuevos y tierras nuevas". Es una idea que tenemos.

En el Movimiento prestamos mucho cuidado a los lugares donde se depositan los cuerpos de sus miembros, destinados a la resurrección. Las Palabras de vida[18], que iluminaron sus existencias, se escriben en sus sepulturas. Y los que visitan el cementerio, al leerlas, se sienten edificados.

Queremos además que nuestros cementerios sean hermosos como jardines; que esas sepulturas hablen. Sabemos que, al pasar delante de cada una, y viendo en ellas el amor que continúa, alguno se ha conmovido hasta las lágrimas.

¿Cómo será el Paraíso? Será como la tierra, pero transformada: no se sabe si sucederá una especie de catástrofe que luego dará paso a una nueva tierra y cielos nuevos o si será una transformación de ella. Nosotros tendemos a pensar en una transformación de la misma tierra, de estos mismos cielos.

El cosmos, por lo tanto, durará, sufrirá una transformación, pero durará y será por la eternidad. Por lo tanto, así es como hay que mirarlo: las galaxias, los ocasos, las flores, los pinos, los prados, el cielo deben mirarse pensando: esto permanecerá. Y también las cosas que son obra del hombre permanecerán, tanto más si son hechas con amor, porque entonces ya están purificadas, están hechas por Jesús dentro de nosotros y entre nosotros; y las cosas hechas por Jesús permanecen.

---

18. Frases del Evangelio asumidas como compromiso personal de vida [N.d.E.].

Estas ideas nos llevan a valorizar la ecología, sentida en el Movimiento de modo particular. Es necesario mantener bien esta tierra, por respeto, dado que ella tiene su función en el futuro.

Una sola familia

En nuestro Movimiento se piensa que todos nosotros, que hemos tenido la gracia de recibir del Espíritu Santo un carisma –que es como una sangre nueva y común que nos vincula–, somos y seguiremos siendo siempre una única familia, de la cual algunos miembros ya partieron, una familia siempre a la espera de reunirse.

De hecho, compartimos lo que decía el padre Alberione, fundador de los paulinos:

"*Congregavit nos in unum Christi amor.* Un mismo amor ha reunido nuestros corazones alrededor del Corazón de Jesucristo. Eso es lo que sucede en cada Instituto secular, en cada familia religiosa, que no se deshace con la muerte; por lo tanto la Congregación puede tener miembros en la Iglesia triunfante, otros en la Iglesia purgante y otros en la Iglesia militante. Todos con un único vínculo: la caridad. (…)

La Congregación se consolida y perfecciona con la muerte. Como hermanos en diferentes condiciones, pero todavía unidos por el mismo fin: gloria a Dios, paz a los hombres"[19].

Escribía a los focolarinos, el 25 de diciembre de 1973, estas líneas que también ahora son válidas:

"Si hoy tuviera que dejar esta tierra y me pidieran una palabra, como última palabra que exprese nuestro Ideal, diría –segura de que entenderían exactamente lo que quiero decir–: 'Sean una familia'.

---

19. Alberione, G., *Mese di esercizi spirituali*, Cap. IX, Instrucción IX.

¿Hay entre ustedes alguien que sufre por pruebas espirituales o morales? Compréndanlo como y más que una madre. Ilumínenlo con una palabra o con el ejemplo. Que no le falte, al contrario, que aumente a su alrededor el calor de la familia.

¿Hay entre ustedes quien sufre físicamente? Que esos sean los hermanos predilectos. Sufran con ellos. Traten de comprender a fondo sus dolores. Háganlos partícipes de los frutos del apostolado para que sepan que han sido ellos, más que todos, quienes han contribuido.

¿Hay alguno que muere? Imaginen estar ustedes en su lugar y hagan lo que desearían que se les hicieran a ustedes hasta el último instante.

¿Entre ustedes hay alguien que goza por un éxito apostólico o por cualquier otro motivo? Alégrense con él, para que su consuelo no disminuya y el alma no se cierre, sino que la alegría sea de todos.

¿Hay alguien que parte? No lo dejen partir sin haberle llenado el corazón de una única herencia: el sentido de la familia, para que lo lleve adonde ha sido destinado.

No antepongan jamás una actividad de ningún tipo, ni siquiera espiritual –por ejemplo, las oraciones, la misa –, o apostólica, al espíritu de familia con los hermanos con los que viven.

Y adonde vayan a llevar el Ideal de Cristo, para extender la inmensa familia de la Obra de María, no podrán hacer nada mejor que procurar crear con discreción, con prudencia, pero con decisión, el espíritu de familia. Es éste un espíritu humilde, que desea el bien de los demás, no es engreído… (…), es la caridad verdadera, completa.

En fin, si yo tuviera que partir, prácticamente dejaría que Jesús en mí les repitiera: 'Ámense los unos a los otros… para que todos sean uno'"[20].

---

20. Lubich, Ch., *Escrito* del 25.12.1973.

Y hoy, en sintonía con la nueva voluntad de Dios que nos expresara la Iglesia en la persona del Santo Padre Juan Pablo II, en vísperas de Pentecostés 1998, en la Plaza de San Pedro[21], diría: extiendan este espíritu de familia a todos los Movimientos y Comunidades eclesiales que existen; ofrezcan su amor a todas la familias religiosas que, con nosotros, representan el aspecto carismático de la Iglesia; no duden en ofrecerlo generosamente a Cristo que vive en todos los que representan su aspecto institucional, para que la "Iglesia–comunión" sea una realidad en el Tercer Milenio. Y no olvidemos a aquellos que están fuera de la Iglesia, en el mundo, por el cual Jesús vino a la tierra y que estamos llamados a incendiar.

Conclusión

El carisma de la unidad del Movimiento siempre nos orientó, en todos los aspectos de nuestra vida, a pensar –podríamos decir– a lo grande. O sea, a considerar, por ejemplo, la salud no sólo física, sino también espiritual; no sólo personal sino también colectiva. De hecho, vinculamos a este tema realidades espirituales como la presencia de Jesús en medio de nosotros y la Santísima Eucaristía.

Jesús en medio, pues la perfecta salud de nuestra alma depende de su presencia entre nosotros. Nuestra típica espiritualidad exige que se alcance la salud espiritual no por nuestra cuenta solamente. Como hombres y como cristianos somos nosotros mismos sólo estando en relación con los demás. Y es la relación, el amor al prójimo lo que nos hace ser plenamente

---

21. Dicho evento reune por primera vez los nuevos movimientos eclesiales y las nuevas comunidades, originados en su mayoría durante el período postconciliar. El Papa, también en esa oportunidad, invita a todos a un nuevo paso de madurez eclesial; por su lado, Chiara Lubich toma el compromiso de trabajar de manera especial por la comunión entre estos movimientos y comunidades [N.d.E.].

nosotros mismos, o sea, Jesús, otros Jesús. Por eso, para considerarnos sanos espiritualmente y completos, perfectos, realizados, en la plenitud de la alegría, debemos amar a los demás hasta lograr que Jesús esté en medio de nosotros.

Vinculamos este aspecto también a la Santísima Eucaristía, no sólo porque es causa de nuestra resurrección, en la cual encontraremos perfeccionada y perpetuada la salud física y espiritual, sino también porque es por ella, por la Eucaristía, que nos volvemos concorpóreos y consanguíneos con Cristo; es la que nos transforma en el Cristo que recibimos, que nos hace ser Cristo y en eso consiste nuestra salud espiritual.

5. EL AMOR HACE CASA

El padre Tomasi[1], quien por encargo de nuestro obispo de Trento, monseñor Carlo de Ferrari, se ocupó del Movimiento en los primeros tiempos cuando comenzaba a vislumbrarse, en la luz que nos guiaba, un don del Espíritu, afirmó que el Ideal de la unidad es como "un carisma que Dios mandó a la tierra, un don que regula una sociedad según el modelo de la Santísima Trinidad".

Había acertado. Es así. Nuestro Ideal, de hecho, es la actuación y la vivencia del Cuerpo místico de Cristo.

Los siete aspectos de la caridad, que caracterizan nuestra espiritualidad, son distintos modos de ver esta realidad, al menos como la realizamos nosotros, en nuestro Movimiento.

Si el primer aspecto, como todos sabemos, la enfoca como comunión entre todos los miembros que la componen, el segundo la contempla en la irradiación que provoca. Si el tercero observa el arraigo en Dios de cada uno de sus miembros y del conjunto, el cuarto la considera en Aquél que une un miembro a otro: Cristo entre ellos.

El quinto –que es el actual– ahonda en la realidad del Cuerpo místico que articula cada miembro con los demás y de todos con Cristo, la Cabeza.

A este aspecto, para simplificar y recordando el arco iris, lo llamamos "azul" o *"ecclesia"*.

---

1. El padre Giovanni Tomasi, estigmatino, fue General de su congregación.

Gracias a él se ve el Cuerpo místico como Iglesia, incluyendo también las iglesias de material, que lo acogen, las casas que lo albergan, las ropas que visten sus miembros.

La belleza de María

En 1955, doce años después del nacimiento del Movimiento, escribía: "¿Qué forman todos estos aspectos? La belleza de María, de la Obra de María, el odre nuevo que contiene el espíritu nuevo que el carisma nos ha dado. Son como un cántico nuevo que se repite en todas las pequeñas o grandes comunidades del Movimiento"[2].

Estos aspectos, cuando nacieron, se nos mostraron como las primeras líneas de la estructura celestial de nuestra Obra y figuraron enseguida en el pequeño Estatuto que, en aquel momento, llamábamos regla. Estatuto, regla, cuya importancia y valor el Espíritu Santo nos subrayaba ya desde entonces.

En el escrito antes citado se lee también:

"Algunos dicen que la regla limita... (en cambio, no). La regla canaliza el espíritu de modo que no pierda el rumbo, como una llama que, si no está protegida en un bracero, se apaga ante el primer soplo de viento".

Para nosotros la regla significa ir a los hechos, 'consumarnos en uno' y dar cuentas de lo nuestro, a quien nos representa a Jesús (en la tierra), porque es y forma parte del conjunto".

Observando los orígenes: semillas de una nueva cultura

Pero volvamos al tema.

En los primeros tiempos, si el Espíritu Santo nos hizo intuir la grandeza y la amplitud de la Obra que estaba nacien-

---

2. Lubich, Ch., *Come sono nati i sette aspetti*, Milán, 13-4-1955.

do, como cuando nos aclaró su fin específico: contribuir a la realización del Testamento de Jesús, "Que todos sean uno" (con toda la Iglesia, naturalmente), también comenzó a sugerirnos elementos muy simples, referidos a personas con una vocación particular (como los focolarinos y las focolarinas), pero tenidos en cuenta enseguida para realizar sus objetivos. Y no tanto ofreciendo teorías, sino haciendo vivir de inmediato de una determinada manera.

Entre las primeras ideas inherentes a este aspecto están las que se refieren a la casa, el focolar, la manera de vestir.

Pero, dado que el deber ser de los focolarinos y de las focolarinas es llegar, a través del carisma de la unidad, a ser otro Cristo, y su convivencia, ser una vivencia del Cuerpo místico de Cristo con Jesús en medio, las ideas y las líneas esenciales relativas a la casa y al modo de vestir resultan esclarecedoras también para todas las vocaciones de la Obra, teniendo también ellas, fundamentalmente, idéntico llamado. Por eso están en sus respectivos reglamentos.

Es un nuevo carisma, el de la unidad, que suscita no sólo una nueva vida espiritual, que concierne a todos, sino también una nueva cultura presente en todos.

La casa

Ahora bien, en cuanto a la vivienda de los focolarinos, el focolar, tenemos indicaciones precisas y detalladas desde los primeros años del Movimiento. En la pequeña regla de 1951 se lee: "Cada focolar debe ser una réplica de la casita de Nazaret. Por lo tanto, que se vea la 'casa' donde vive una familia".

Esta es la primera realización de la conocida intuición que tuve en Loreto en 1939[3] : lo que habría de nacer tenía que ver con la casita de Nazaret, con Jesús entre María y José.

---

3. Ese año, en ocasión de un curso para dirigentes de la Acción Católica llevado a

Más tarde se comentará: "Si nuestra casa es la casa de verdaderos hermanos unidos en el nombre de Jesús, si es un ambiente que cobija a una familia, en la cual el hermano es Cristo mismo (...), la que nos hospedará será la casa por antonomasia".

En la Sagrada Escritura

La casa es siempre muy importante en las espiritualidades cristianas.

Carlo Carreto[4], el pequeño hermano de Jesús –tan conocido, por lo menos en Italia– aunque se había formado en el desierto, escribe una página de la que se desprende su aprecio por la casa. Dice: "Dios es mi Padre. (…) Tengo con Él el don de la vida. (…) Sobre todo tengo con él el don de la 'casa'. Tener una casa, vivir en una casa. (…) Estamos hechos para tener un hogar donde haya un padre y donde estén los hermanos. (…) Estamos hechos para tener una casa que nos dé el sentido de la estabilidad, de la continuidad, del descanso. (…)"[5].

En las Escrituras la Iglesia misma es llamada "casa". Dice San Pablo: "Te escribo estas cosas por si me atraso. Así sabrás cómo comportarte en la Casa de Dios, es decir, en la Iglesia del Dios viviente, columna y fundamento de la verdad" (*1 Tim* 3, 15).

---

cabo en esa ciudad, Chiara Lubich se siente fuertemente atraída por la Sagrada Casa y tiene la certeza de que su camino estaría ligado a esta realidad, y que muchos la habrían seguido [N.d.E.].

4. Presidente de la GIAV (Juventud Italiana de la Acción Católica, por su sigla en italiano) entre los años 1946-1952, Carlo Carretto vivió por muchos años en el desierto del Sahara como Pequeño Hermano de Jesús. De nuevo en Italia, se estableció en Spello (Puglia), en donde fundó los Pequeños Hermanos del Evangelio. Autor de numerosos y muy estimados libros de espiritualidad [N.d.E.].

5. Carretto, C., *Ogni giorno un pensiero*, Roma, 1993, p. 211.

También en la carta a los hebreos (3, 6), hablando de Cristo, dice: "(...) su casa somos nosotros, con tal que conservemos la seguridad y la esperanza de la que nos gloriamos".

Jesús compara incluso el Paraíso a una casa: "En la casa de mi Padre hay muchas habitaciones; si no fuera así, se lo habría dicho a ustedes. Yo voy a prepararles un lugar" (*Jn* 14, 2).

Cuando San Juan, en el Apocalipsis, ve el final de los tiempos en una visión que resume las realidades mesiánicas, habla también de la casa: "Vi la ciudad santa, la nueva Jerusalén, que descendía del cielo. Y oí una voz potente que decía desde el trono: "Ésta es la morada (la casa) de Dios entre los hombres: Él habitará con ellos, ellos serán su pueblo, y el mismo Dios estará con ellos" (*Ap* 21, 2-3).

Sí, Dios habitará con los hombres en la misma "casa" y su presencia será tan plena que excluirá las anteriores "presencias", incluso la del Santuario: 'No vi ningún templo en la ciudad, porque su templo es el Señor Dios todopoderoso' (*Ap* 21, 22)"[6].

Como la casa de Nazaret

Escribíamos en 1951: "Que (en la casa) nada tenga aspecto de oficina o de hotel". No sería una casa. "Todo tiene que ser luminoso, cálido y ordenado como es ordenado todo lo que sale de las manos de Dios. Que el focolar sea hermoso como la naturaleza: como un prado, como el cielo"[7].

En 1960 escribía: "También nosotros tenemos una casa donde habitar, como María en la casa de Nazaret. Yo no sabría decirles con qué arte disponer (cada objeto), porque a nosotros se nos pide una armonía nueva.

Puede ser que no tengamos más que tres cosas, pero éstas estarán ubicadas de manera tal que a todos les gustará (...) y

---

6. *Ibid.*, p. 394.
7. Lubich, Ch., *Parole di sapienza* (en mimeógrafo).

quien entra en casa tendrá que decir: 'No hay nada especial (en esta casa), pero nos sentimos a gusto (...)'.

(Será la misma) armonía que el Creador imprimió en la naturaleza. Es la armonía de nuestras almas unidas en Dios (...), impresa en las cosas que nos rodean, en nuestros focolares (...), en nuestras salas, en nuestros Centros, y mañana en nuestras iglesias"[8].

Expresiones de nuestro amor a Dios y a los hermanos

Lo que nos debe llevar a mantener nuestra casa de una determinada manera, lo comprendimos mejor en 1964, leyendo un libro de Tomás de Kempis. Meditando sobre el nacimiento del Niño Jesús en la gruta de Belén, se expresa aproximadamente con estas palabras:

"¡Oh!, ¡qué venerable es este lugar! (...) Entra, oh alma mía, a este pobre domicilio del rey celestial... Observa de qué modo el Hombre-Dios nacido está en el pesebre y calla... Adora aquí a Dios... Medita las piadosas acciones de la Virgen María, qué grande es su alegría, qué sublime la contemplación del hijo engendrado por ella (...).

Considera todo como si te encontraras en su presencia y di: 'Aquí permaneceré para servir a mi Señor, a la Señora María y a San José, su protector. Encenderé el fuego, con diligencia cuidaré de él, prepararé la comida, procuraré el agua. Limpiaré el patio y la casa, taparé todas las fisuras para protegerla de la fuerza de los vientos y de la lluvia. (...) Después recogeré rosas y lirios (...), adornaré la santa cuna... Abriré también la ventana del establo para que resplandezca en su interior la claridad del día y desde lo alto desciendan los ángeles y los santos y llenen esta casa de suave júbilo'"[9].

---

8. Id., *Aspetti della vita del focolare*, 12-6-1960.
9. Tomás de Kempis, "Sermones de vita et passione Domini", en *Opera Omnia*, v. III, ed. M. Pohl, Freiburg i.Br., 1904, pp. 91-104 *passim*.

Este fragmento de Tomás de Kempis nos hizo y nos hace comprender cómo una actitud interior de reverencia, de afecto, no puede dejar de reflejarse en el ambiente externo.

Y nosotros sabemos que nuestra actitud debe ser el amor, el amor a Dios y, por él, a los hermanos. También en este caso, entonces, como en toda nuestra vida, lo que nos debe guiar es el amor, el cual, en cuanto concierne a los hermanos, nos lleva a "hacernos uno" con ellos.

Entonces, nuestra casa no será necesariamente una casa pobre o menos pobre: nosotros podemos vivir en un palacio como en un *mocambo*, en un rascacielos o en una casita de campo, en cualquier lugar, con tal de que el ambiente que nos acoge sea para nuestros hermanos "caridad".

La casa, además –está escrito en los Estatutos–, debe adaptarse al lugar donde mayormente se lleva a cabo el apostolado y también esto es motivado por la caridad.

Con el gusto de María

Es frecuente encontrar, entre nuestras primeras ideas sobre la casa, la de cuidarla con el "gusto de María".

Ciertamente no es fácil saber en qué consiste el gusto de María. Pensamos que sólo podremos comprenderlo y aplicarlo si en el focolar se vive esa unidad entre sus miembros, y con todo el resto de la Obra, que nos permite suponer que somos –en ese caso particular– expresión de la Obra de María entera, cuya función es repetir y continuar la presencia de María, hoy, en el mundo.

Y tal vez por eso se explica que, en los apuntes sobre la casa, aparezca con frecuenta la idea de la belleza, porque María es la "toda hermosa".

La casa tendrá que ser moderna, para estar siempre en sintonía con la época.

Es muy importante que nuestras casas sean durables (en efecto, muchas veces son propiedad de la Obra), porque así como las abadías benedictinas, distribuidas en muchas partes, permanecen a pesar de haber pasado por allí miles de monjes, lo mismo debe suceder con nuestras casas.

De hecho, en las casas, está como grabada la impronta del proyecto de Dios para una familia determinada, y los nuevos llamados que vendrán a lo largo de los siglos, al pasar de un lugar a otro podrán comprender mejor cómo vivir todos los aspectos de la vida que se han debido tener en cuenta en la construcción de la casa y en la disposición de los ambientes. Y serán ayudados por la misma casa a no descuidar ninguno.

Cuidado y desapego de la casa

Pero, a propósito de este aspecto de la caridad, también se encuentran indicaciones de este tipo: se prevé el inventario de la casa, que será útil en primer lugar para el responsable de la zona, el cual, al tanto de la situación general, podrá disponer una comunión de muebles o de otras cosas entre los focolares, manteniendo así en todos no sólo el desapego de las cosas, sino también ese instinto creativo que les hace disponer los muebles que queden en una nueva armonía.

También se requiere que los focolarinos sepan mantener la casa, cuidar de su ropa y alimentación, para que, dentro de lo posible, nunca sean necesarias personas ajenas a la familia.

Es más: los focolarinos y las focolarinas, cualquiera sea su profesión, deben sentir el gusto de presentarse ante cualquiera con el delantal de cocina, por ejemplo; de preparar la mesa, levantar los platos, etc.. También esto forma parte de su vocación: sabemos que algunos jóvenes han sentido el llamado a consagrarse a Dios cuando vieron a focolarinos realizando justamente estas tareas.

No es importante, de hecho, lo que se hace, lo importante es que sea Jesús en nosotros quien lo hace y él está si somos expresión viva de su voluntad.

No obstante todo este amor por la casa, dado que nuestro ideal es y sigue siendo Dios… el Espíritu nos sugirió también el desapego de la casa, recordando las palabras de Jesús: "Los zorros tienen sus cuevas y las aves del cielo sus nidos; pero el Hijo del hombre no tiene dónde reclinar la cabeza" (*Mt* 8, 20). También Jesús habla de eso.

Para los focolarinos, además, que deben llevar nuestro Ideal trasladándose a cualquier parte del mundo, este desprendimiento resulta esencial pues tienen que adaptarse a todo, al menos durante un tiempo.

Desapego necesario sobre todo para los que tienen la vocación –como nuestros "voluntarios"[10]– de hacer visible la comunidad cristiana. La voluntad de Dios, de hecho, los quiere comprometidos –como está escrito en su reglamento–: "poniendo a disposición de la Obra de María sus viviendas y casas para encuentros, reuniones, congresos, de modo que sea más eficaz la penetración del espíritu de la Obra misma en medio del mundo".

Con el aroma del claustro

Pero el focolar debe ser, de alguna manera, una iglesia, un templo, el templo del Dios vivo, no por sus imágenes exteriores (que habrá también allí como en cualquier familia), sino por la continua, silenciosa, constructiva, fecunda presencia de Dios entre las personas unidas en el nombre de Jesús.

---

10. Doble rama del Movimiento de los focolares (voluntarias/voluntarios): formada por "personas comprometidas en llevar a Dios, principio de libertad y de unidad, a los distintos ámbitos de la sociedad" [N.d.E.].

Con respecto a esto un artículo de los años '50, que me pareció útil adaptar a este momento, dice: "No hay corazón de hombre, creo, y muchos menos de mujer que, en su juventud, no haya sentido al menos una vez la atracción del claustro.

No es la atracción por una forma claustral de vida, sino por algo que parece concentrarse justamente allí, entre cuatro paredes, y que se deja sentir, sonoro, aun de lejos.

Es que en las comunidades –de las que, gracias a Dios, está sembrado el mundo, como las constelaciones en la noche oscura– se halla la luz de la presencia de Dios. (…)

Esas casas están sumergidas en el silencio (…), pero, por la fuerza misteriosa de las cosas celestiales, hablan a los corazones de los hombres y dicen la felicidad de la unión con Dios que los hombres anhelan.

Pero también el focolar, pequeña casa en medio de otras, puede tener el aroma del claustro. También sus paredes encierran un reino de paz, son fortalezas de Dios en medio del mundo.

El ruido exterior de la televisión del vecino, o el estrépito de los coches, o el bullicio de la gente por la calle, no le quitan nada a su encanto. El amor recíproco que hace presente a Jesús entre los hermanos, toma posesión de todo su ser y da a esos muros no sólo el carácter sacro de una abadía, sino también la solemnidad de una iglesia; da, al modo de sentarse de sus inquilinos, la dulzura de un rito; a sus ropas, el perfume de un hábito bendecido; al timbre de la puerta o del teléfono, la nota alegre de un encuentro con otros hermanos, que rompe, y al mismo tiempo continúa, la unidad entre ellos en Dios.

Sobre el silencio de su yo, habla Otro, y sobre su apagarse se enciende una Luz. Y ésta brilla muy lejos, traspasando y, de alguna manera, consagrando esas paredes que protegen una célula viva del Cuerpo de Cristo. Y otros vendrán al focolar para buscar con ellos al Señor y, en la amorosa búsqueda común, crecerá la llama, aumentará de tono la melodía divina.

Para ellos Cristo es su casa, su claustro, Cristo en el corazón, Cristo en medio de los corazones"[11].

De las "Lauretanas" a las Ciudadelas

De un diario de 1966 se comprende que algunos focolares se habían abierto como una flor en nuevos ambientes, cada uno con su propia función. Eran casas no sólo para los focolarinos, sino para todos los que tenían alguna responsabilidad en el Movimiento.

Las denominamos "Lauretanas".

Más amplias, por lo tanto, que los focolares normales, pero con una idéntica vocación primaria: la de tener a Jesús entre sus miembros, vocación contemplativa y activa al mismo tiempo, como atestigua una canción de aquella época, cuyo título era:

"Un pequeño castillo de oro

Un milagro de amor
conocido sólo por los ángeles.
María la soñó en su corazón,
entre las flores, una humilde flor,
encierra un misterio sagrado.
Casa Lauretana.
En el encanto del primer amor,
en un tú a tú con Dios.
Entre todos reina el Señor,
casi un pequeño castillo de oro.
Tiene el perfume de una rara flor.
Casa Lauretana.
Ahora María revive en los corazones,

---

11. Cf. Lubich, Ch., *Meditaciones*, op.cit., pp. 94-96.

Virgen, Esposa y Madre[12]
nueva fuente del Amor Hermoso,
sola aurora de toda esperanza.
Aquí la vida es contemplar.
Casa Lauretana".

Encontramos luego este concepto en un diario de 1967: "Todos los focolarinos deben tratar de mantener la Lauretana como se supone que María Santísima mantenía su casa".

Todos: por lo tanto también el focolarino responsable del focolar; también la focolarina responsable de la Obra entera. Lo requiere nuestro espíritu. Somos todos hermanos. En efecto, se lee: "La caridad hará (…) resplandecer la fraternidad cristiana, con aquella característica belleza que le es propia de modo que, quien visite un focolar, pueda decir siempre: '¡Qué bueno y agradable es que los hermanos vivan unidos!'"[13].

Después las Lauretanas crecieron y se convirtieron en *Centros de las zonas* con otros ambientes, como los destinados a las ramas, a los diálogos, a las obras[14], etc. Pero era siempre Jesús entre nosotros quien debía iluminar, guiar, conducirnos en el servicio a la Obra de Dios.

Focolares estables, entonces, integrados por laicos o laicas y focolares sacerdotales. Focolares temporáneos, es decir, los núcleos de los voluntarios, de sacerdotes voluntarios, de religiosos; unidades gen, gen's y gen're[15].

---

12. Se dice que en la casa lauretana, "María revive en los corazones como Virgen, Esposa y Madre" por la presencia de focolarinas/os vírgenes y casadas/os.
13. *Sal* 133 [132], 1.
14. En referencia a la estructura y a las actividades del Movimiento. Por ejemplo: presencia en el diálogo ecuménico e interreligioso (diálogos); editoriales como Ciudad Nueva en Latinoamérica, y otras 27 en todo el mundo, o conjuntos musicales internacionales como Gen Verde y Genrosso (obras) [N.d.E.].
15. Gen: generación nueva del Movimiento de los focolares. Gen's (generación nueva sacerdotal) y Gen're (generación nueva de los religiosos): son jóvenes que viven la espiritualidad de la unidad y que están encaminados tanto al sacerdocio como a la vida religiosa [N.d.E.].

Luego, Lauretanas: Centros-zona.

Y más adelante: Centros Mariápolis, ciudadelas temporáneas, y luego ya 20 ciudadelas permanentes en los cinco continentes[16].

Haría falta más tiempo para explicar todo esto: una realidad en aumento, un camino hecho en el campo de este aspecto de la caridad al servicio de la Obra.

El modo de vestir: "Miren los lirios del campo"

También por lo que concierne al vestido, que debe cubrir nuestras personas, el Espíritu Santo nos sugirió normas, reflejo también ellas de una espiritualidad evangélica, a Cuerpo místico, que valen para los focolarinos, pero también son indicativas para los que forman parte de la Obra.

Si las casas expresan a nuestra Obra en cuanto comunidad de personas –nueva familia nacida en la Iglesia–, la ropa que vestimos manifiesta la presencia de un miembro de esta familia que, si es realmente una parte viva de esta sociedad, no es nada más ni nada menos que otro Cristo.

Las familias religiosas, efecto de carismas nuevos en la Iglesia, siempre cuidaron ese aspecto y dieron vida a innumerables formas de vestir.

La pequeña regla de 1951 nos orienta de este modo:

"Nos parece que se puede comprender lo que Dios quiere de los focolarinos, también en este campo, volviendo a lo que es su naturaleza. Su vocación es la de ser 'niños', 'hijitos'. Son

---

16. Los *Centros Mariápolis* son centros para los distintos encuentros del Movimiento que existen en muchas "zonas" en el mundo.
Las *Mariápolis Permanentes* son "ciudadelas" que hospedan las escuelas de formación de los miembros del Movimiento y que intentan demostrar, a modo de boceto, una sociedad "nueva" basada en la vida del Mandamiento Nuevo de Jesús.
Las *Mariápolis Temporáneas* son encuentros abiertos del Movimiento en los que se experimenta juntos, por algunos días, la vida del Evangelio [N.d.E.].

personas que nacieron sabiendo que tienen un Padre, creyendo en su amor, en brazos del amor de Dios, por eso se los verá vestidos con lo que les da un Padre que es Dios; un Dios que es creador del universo. La línea será la suya y sabemos que el sello de Dios en la creación es todo armonía.

La ropa del focolarino deberá ser semejante al ropaje que Dios dio a la naturaleza. Se debe inspirar en el pasaje del Evangelio que dice: 'Fíjense como crecen los lirios: sin embargo, les aseguro que ni Salomón, en el esplendor de su gloria, se vistió como uno de ellos' (cf. *Lc* 12, 27).

Por lo tanto, la ropa de los focolarinos tendrá que ser tal que demuestre que son hijos de Dios; hijos del creador de la naturaleza, hijos del Señor de la creación[17]".

Estar vestidos como los lirios del campo significa, con frescura y con gusto, como son frescas y bellas las flores; pero también, dado que la ropa cubre a la persona que es templo del Espíritu Santo, debe tener las huellas de lo divino, debe entonces caracterizarse por la modestia, por la sobriedad, la distinción y sencillez, pues somos hijos de Dios; por la modestia porque somos hijos de María; no artificial, sin objetos de valor, porque lo que vale es la belleza del alma inflamada del amor de Dios.

A propósito de estos argumentos nos ha resultado de interés observar cómo vestían las primeras vírgenes. Ninguna usaba oro, plata, piedras o perlas, porque tenían verdadero desprecio por la riqueza.

Lo cual hizo que nos planteáramos esta pregunta: nuestros focolares, las Lauretanas, etc. ¿son ricos? ¿Pueden parecer ricos porque tienen piezas de valor? Si fuera así, es preciso venderlas para dar lo obtenido a los pobres. Que los focolares sean acogedores, ciertamente, pero sin nada rebuscado.

Las primeras vírgenes se vestían como el resto de la gente, porque tenían que vivir en medio del mundo. A veces, si eran

---

17. Cf. Lubich, Ch., *Diario*, 25-8-1980.

ricas, daban todo lo que poseían. También nosotros debemos asumir esa actitud, sobre todo porque vivimos en una época de consumismo.

Y todavía conviene destacar estas ideas.

Los focolarinos no tendrán un uniforme. Vestirán, como laicos, sin distinguirse de ninguna manera de los demás, para ser iguales a ellos, perdidos en medio de la gente.

Dejarse guiar por el amor

También por lo que se refiere a la ropa, lo que debe guiarnos es la caridad. Cada focolarino es hijo de Dios amor y nació para amar. Permanece en el mundo sin ser del mundo, para amar a los demás, y su manera de vestir debe facilitar su función. Para poder conversar con el mundo debe "mimetizarse" con él: recomendación que no se debe tomar a la ligera. En una comunidad de personas consagradas como nosotros, donde nadie necesita gustar a nadie humanamente hablando, es fácil descuidar el propio aspecto. Y si muchas o muchos, o todos, se comportan así, el uniforme se advierte muy pronto. "Ah, aquéllas o aquéllos son… Los reconoces por el modo de vestir, por el poco cuidado…". ¿Adónde ha ido a parar entonces el decoro y el buen gusto? ¿Adónde esa sencillez que es la verdadera elegancia?

Mostrar la belleza de Dios

El Espíritu Santo nos sugiere además que, como el mundo que nos rodea está lejos de Dios y muchas veces prevenido contra la Iglesia (también porque conoce el rostro deformado de nuestra vida poco cristiana), será útil mostrar no sólo la bondad y la verdad, sino también mostrar, con nuestras casas y con nuestro modo de vestir, la belleza.

Pensando en todas estas normas, muchas veces hemos sentido el deseo de dar una definición de lo que podría ser el modo de vestir de los focolarinos de éste y de todos los siglos, una definición que nos parece universal y, por lo tanto, adecuada también a la mayor parte de los miembros del Movimiento: nosotros debemos vestir como Jesús y María vestirían en cualquier tiempo, en cualquier ambiente.

Ya que la vocación del focolarino aparece por primera vez en la tierra, y junto a otros hermanos es la primera vez que ofrece al mundo una sociedad de este tipo, probablemente las líneas de la casa y de su modo de vestir tendrían que ser nuevas.

Y como nuestro espíritu, con la doctrina que está emergiendo –como la Escuela Abbá–, ya está difundiéndose ampliamente, también el modo de vestir de los focolarinos tendrá que imponerse, ofreciendo una nueva moda. Y esto ya se está verificando.

Análogamente, del modo de habitar de los focolarinos se podrán sacar ideas para una renovada arquitectura, y también sobre esto algo se está haciendo.

6. EL AMOR GENERA SABIDURÍA

El amor vivido en el Movimiento, así como crea comunión, irradia, eleva, sana, hace casa, también está en condiciones de generar luz, sabiduría.

En nuestra historia hay un hecho muy conocido, que consideramos básico, es decir, de fundación, y que resulta justamente fundamental en este aspecto.

Me refiero a aquel día que, en la década de los años '40, todavía en el primer focolar de Plaza de los Capuchinos, dejé mis tan queridos libros y los guardé en el desván.

Resolvía así esa contradicción que se había hecho evidente en mi vida: estaba buscando la verdad en la filosofía, mientras se hallaba toda entera en Jesús Eucaristía que recibía todas las mañanas.

De hecho, una luz del Espíritu Santo me hizo comprender claramente que yo habría encontrado la verdad plena, auténtica, cierta, alta y profunda en Jesús, la Verdad: "Yo soy el camino, la verdad y la vida" (*Jn* 14, 6).

"He visto una luz"

Considero que este hecho es el preámbulo del aspecto que vamos a tratar.

Al respecto, recientemente encontré en los archivos de la Obra, una carta de los primeros tiempos, dirigida a una amiga.

"Mira –decía–, yo soy una persona que pasa por este mundo. He visto muchas cosas bellas y buenas y han sido éstas las únicas que siempre me han atraído.

Un día (indefinido día), vi una luz. Me pareció más bella que las otras cosas bellas y la seguí.

Me di cuenta de que era la Verdad".

Esta carta me sorprendió. Pensé: "¿Por qué lo dije?". "¿Por qué lo escribí?". Supuse entonces que la luz, de la que aquí se habla, debía ser la luz del carisma que el Espíritu Santo nos dio y que luego la Iglesia, habiéndola estudiado, con el don del discernimiento, aprobó.

Lo que, en los escritos, discursos, diarios, encontré de interés en relación a este aspecto, que por simplicidad llamaré "índigo" (añil), en general, no son largos razonamientos completos o meditados. Se trata de gotas, tal vez de sabiduría o simplemente de sensatez humana, que completan o explican mejor cosas ya conocidas; o bien pequeñas observaciones que elegí y quise destacar sólo por ser bellas. Poseen –creo– un rayo de la belleza que es, al mismo tiempo, la verdad de Dios. Además hay, también, previsiones que sorprenden, porque se realizaron después de muchos años.

Asís, París, Hollywood

Estábamos en los años '50. En 1954 el Espíritu Santo nos había iluminado sobre los siete aspectos del amor y desde 1955 se hablaba del índigo. Y he aquí un hecho que realmente sorprende: parece que, desde entonces, el Espíritu Santo hubiera querido comunicarnos el plan que tiene sobre nuestro Movimiento… Nos hizo comprender que serían tres, en el tiempo, los períodos de nuestra Obra, definidos con estos nombres: Asís, París, Hollywood, ya presentes en su ADN en virtud del carisma que la suscitó y siempre la condujo, podríamos decir, pero que sólo se manifestarían con plena evidencia algunas décadas más tarde.

Se trata de un razonamiento que sólo volvería a hacer en 1988[1]:

"En nuestro Movimiento distinguimos tres periodos. En el primero nació nuestra espiritualidad, nuestro estilo de vida. Lo llamamos "Asís".

El segundo ha sido cuando comencé a estudiar, para cotejar los aspectos de nuestra espiritualidad con la doctrina de la Iglesia, y observamos que coincidían, aunque preveíamos la apertura de nuevos horizontes. Y lo comuniqué a todos.

Con relación a esto, nos había causado impresión y temor una frase de san Francisco, tal vez preocupado de que los frailes se apegaran a los libros: "¡París, París, que destruyes Asís!". "Nosotros –afirmábamos en esa época– queremos que París exista, pero también Asís. Nosotros vivimos la espiritualidad, pero también queremos estudiar".

En nuestros días, como todos sabemos, ya se abrió el tercer período, al cual damos el nombre de otra ciudad símbolo: Hollywood. Ese período presentará el contenido de nuestro Movimiento a través de las distintas expresiones artísticas y de los grandes medios de comunicación.

Pero entremos ahora directamente en el tema.

¿Qué es la sabiduría?

Trascribimos esta página de un libro de 1964, de un sabio teólogo, el P. Raimundo Spiazzi, que nos gustaba de manera especial:

"El don de la Sabiduría pone al alma en contacto con las realidades eternas (…). Escruta la profundidad de Dios y percibe su fulgurante belleza. Ve lo que no sabe describir, y bebe

---

1. Se trata de discursos orales que transformo en escritos.

en esa fuente inagotable, sin saciarse nunca, con un deseo cada vez más ardiente –como del ciervo que se acerca a la fuente–. (...)

Pero, habiendo descubierto y casi saboreado a Dios, con esa luz en los ojos puede mirar el mundo y ver bien (…) juzgando todo según criterios divinos, casi proyectando en todo la luz de la infinita mirada de Dios.

En la mente del sabio cristiano es como si se reconstruyera el orden ideal que está en la mente de Dios. El paso de las eras y de las edades, la sucesión y el encadenarse de los acontecimientos, el fluir de las cosas, el progreso de la historia, la evolución de la vida, todo esto es visto en su relación de dependencia con un plan divino (…) con la misma "síntesis mental" de Dios. Ve todo en el Verbo y ama todo en el Espíritu. Todo conoce, amando, y todo ama en el mismo acto de su contemplación infinita"[2].

"El miembro del Movimiento debe poseer la Sabiduría". Es lo que se dice, y se repite, en nuestros escritos y en los distintos Estatutos. Es un imperativo.

Pero surge una pregunta: "¿Cómo se hace para tener la sabiduría?".

El mismo Espíritu Santo, que nos lo ordena (por medio de los Estatutos por él inspirados), nos da también la respuesta. Y, con el tiempo, la respuesta se fue haciendo cada vez más clara.

Cómo obtener la sabiduría

La sabiduría puede obtenerse de cuatro maneras: pidiéndola a Dios, amando a Dios y al prójimo, amando a Jesús abandonado, estableciendo la presencia de Jesús en medio.

---

2. Spiazzi, R., *Lo Spirito Santo e la vita cristiana*, Roma, 1964, p. 229.

1) Siempre se acudió a la oración para obtener la sabiduría, desde los primeros días –diría– cuando, como preparación para hablar a nuestro pequeño público, en Trento, estábamos una hora ante Jesús en el tabernáculo, repitiéndole: "Tú eres todo, yo soy nada", para que él y solamente él hablase por medio de nosotros. Fue así como –conviene recordarlo– comenzó todo. También hoy rezamos al Padre, con uno o más *consenserint* (así denominamos, como es sabido, a la oración que Jesús nos enseñó: "Si dos de ustedes se unen en la tierra para pedir algo, mi Padre que está en el cielo se los concederá" [*Mt* 18, 19]), *consenserint* que muchas veces decimos juntos, antes de un discurso, para tener el Espíritu Santo.

2) La Sabiduría la podemos obtener amando: amando a Dios y al prójimo.

Siempre hemos tenido la convicción de que amar ilumina. De hecho, desde los primeros años teníamos un amor especial por estas palabras de Jesús: "El que me ama será amado por mi Padre y yo lo amaré y *me manifestaré a él*" (*Jn* 14, 21).

San Beda decía: "A quien ama la Palabra (en la cual está Cristo), le será dada también la inteligencia para comprender la Palabra que ama; mientras que quien no ama la Palabra –es decir, a Cristo– no gustará de las delicias de la verdadera sabiduría. Aunque, por sus dotes naturales y por su estudios, crea poseerla, no la posee"[3].

"Para poseer la sabiduría –explicábamos además– es necesario ser otro Jesús y para ser otro Jesús es necesario amar: la luz que se tiene amando es la sabiduría". Así como la luz de la bicicleta se enciende pedaleando, también la Sabiduría se enciende en nosotros, amando.

Recordábamos un proverbio oriental: "Dame tu corazón (es decir, ama), y yo te daré un par de ojos", lo cual significa: ama y te haré ver.

---

3. Beda, *Commento al Vangelo di Marco*, vol. I, Roma, 1970, p. 129.

La sabiduría se tiene, entonces, amando.

3) Se la obtiene también amando a Jesús crucificado y abandonado. En el capítulo VI de los Estatutos actuales se dice: "Las personas que forman parte de la Obra tratarán de poseer en primer lugar la verdadera sabiduría cristiana. 'Dios ama únicamente a los que conviven con la sabiduría' (*Sab* 7, 28).

Por eso, abrazando, con Cristo, su cruz y su abandono, se esforzarán para que en sus corazones resplandezca el Resucitado, que irradia los dones del Espíritu" (art. 58).

Ya en 1967 decía que la Sabiduría se posee amando a Jesús abandonado.

"Si nosotros no amamos la cruz, si no vivimos más que por ella, no hay en nuestro corazón verdadero amor a Dios y a los hermanos, no está la Sabiduría.

Nosotros, ofreciendo nuestra jornada, repetimos todas las mañanas, como cuando recién nacíamos a esta nueva vida: 'Porque estás abandonado, Jesús; porque estás desolada, María'. Él es para nosotros toda la sabiduría"[4].

En el espistolario de San Bernardo se lee lo que escribe a un profesor de París: "Por lo que he sabido tú comentas libros de los profetas. Pero, ¿puedes decir que comprendes sus lecciones y, en especial, sus enseñanzas sobre Cristo? A Cristo lo comprenderás mejor siguiéndolo, que enseñándolo".

Montfort casi identifica la sabiduría con la cruz. De él aprendemos que el árbol de la cruz destila un néctar eterno: sabiduría, rayo, reflejo, participación de la Sabiduría eterna que es el Verbo de Dios.

Además, dice que el sufrimiento enseña lo que en ninguna otra arte se puede aprender. Ocupa la cátedra más alta. Es maestro de sabiduría y quien posee la sabiduría es dichoso. Dichosos, en efecto, los que sufren. Ellos serán consolados no

---

4. Lubich, Ch., *Diario*, 17-5-1967.

sólo con el premio en el más allá, sino con la contemplación de las cosas celestiales ya aquí[5].

4) El cuarto modo de obtener la Sabiduría es teniendo a Jesús en medio.

"(Las personas) procurarán además –dicen nuestros Estatutos– estar unidos entre ellos para que Cristo, presente en el amor recíproco, pueda derramar también en medio de ellos los dones del Espíritu" (art. 58).

Siempre hemos estado convencidos de que "debemos tener la sabiduría individualmente (mediante el Resucitado en nosotros) y colectivamente (con Jesús entre nosotros). Tenemos que aprender (con esto) –se ha afirmado– a ser 'fuentes desbordantes'".

Un signo de que la sabiduría está presente en quien habla son las exclamaciones, de parte de quien escucha, tales como: "¡Qué hermoso!". Es algo que difícilmente se dice de un razonamiento humano que se ha escuchado, sino de lo sobrenatural. Si en nuestras palabras, por ejemplo, se percibe el hilo de oro que une todos los eventos de nuestra vida, dejándonos admirados, quiere decir que allí hay sabiduría.

Un solo Maestro

Como muchas veces recordamos, yo quería conocer a Dios antes aún de nuestra aventura en la espiritualidad de la unidad, y había tenido la impresión de oír en mi corazón las palabras: "Seré yo tu Maestro".

Y lo ha sido para mí y para muchos.

Por eso en la Universidad de Buenos Aires, en 1998, pude decir:

---

5. Montfort, L. M., "Amore dell'Eterna Sapienza", n. 180: *La sapienza è la croce – la croce è Sapienza*; nn. 90-103; 174.

"Con sorpresa puedo afirmar hoy, y sólo para gloria de Dios, que después de años y años de un seguimiento comprometido y espléndido, el Señor ha tenido la bondad de hacerme conocer a mí, y a cuantos forman parte del Movimiento, algo de su infinita sabiduría. Y no sólo en cuanto concierne al estudio de Dios, la teología, sino también –parece– con relación a los otros ámbitos del saber, dándonos la posibilidad de captar las líneas que deben dar nervadura a las distintas ciencias humanas, para hacerlas auténticamente ciertas y agradables a Él"[6].

Y he aquí lo que dice el libro de la Sabiduría:
"Aunque es una sola, lo puede todo;
permaneciendo en sí misma,
renueva el universo. (…)
Es más radiante que el sol
y supera a todas las constelaciones.
Es más luminosa que la misma luz,
ya que la luz cede su lugar a la noche,
pero contra la Sabiduría no prevalece el mal"
(*Sab* 7, 27-30).

El estudio

El estudio al servicio de la sabiduría

Pasemos ahora a hablar del estudio. El estudio es necesario, pero con una aclaración: "El 'índigo' no es el estudio, sino la sabiduría, porque es un color del amor: del amor que se vuelve sabiduría, que ilumina".

El estudio no es entonces un añadido a la sabiduría, sino un medio para ampliarla, para que irradie más.

---

6. Lubich, Ch., "Lección en ocasión del doctorado *HC* en ciencias humanas", Buenos Aires, 6-4-1998.

"El alfa y omega –está escrito– sigue siendo la sabiduría. El principio es la sabiduría: el fin es la sabiduría: Dios".

Se aclara también cuál es el lugar del estudio: "El estudio (...) sirve de pedestal a la Sabiduría".

Sea como fuere, para nosotros el estudio tiene su peso. Siempre supimos que "para aumentar la sabiduría, era necesario estudiar". Y entre nosotros, gracias a Dios, hasta ahora podemos afirmar que "París no destruyó Asís". El estudio ha estado al servicio de la sabiduría.

Se alienta también el estudio, diciendo: "Aunque podría estar mucho más (al servicio de la sabiduría). Un séptimo de nuestra vida (considerando que son siete los aspectos del amor) se debe dedicar siempre al estudio".

Ya en 1960 escribía: "La sabiduría será acompañada por el conocimiento de la teología y por todas las nociones profanas que sirvan a estos fines.

Nunca, en cambio, la teología debe sofocar a la sabiduría, sino al contrario: la sabiduría debe ayudar a la teología".

Y se insiste: "Sentí una gran alegría pensando que, en nuestra Obra, el estudio es considerado como una de las siete expresiones de nuestra vida, como un aspecto del amor. Pero puede serlo a condición de que sirva al amor a Dios y al prójimo. De lo contrario, es un impedimento, es París que destruye Asís".

Las "inundaciones"

Hay luego una idea (entre tantas) que permite comprender cómo el estudio humanístico y científico es una explícita voluntad de Dios para nosotros. Con el tiempo, además, se habría dado razón a esta aclaración, y especialmente ahora con lo que llamamos "inundaciones"[7].

---

7. Modificando el término usado por san Juan Crisóstomo (*In Johannem homilía*,

Con respecto al estudio de los focolarinos, por ejemplo, ya en 1966 se decía: "Por lo que se refiere a los estudios humanísticos y científicos, se prevé que el focolarino se mantenga actualizado en su profesión y se perfeccione cada vez más.

Hay que pensar que, con el tiempo, muchos focolarinos de la misma profesión se agruparán en las obras que irán naciendo. Esto hará que tengan que poner en común, con Jesús en medio, también las ideas, las nociones, los nuevos conceptos que día tras día van adquiriendo.

La presencia de Jesús en medio entre operarios del mismo campo, por ejemplo, hará que cada vez más sea Jesús en ellos quien trabaja en ese determinado sector, dándoles pistas también para la propia profesión.

Al mismo tiempo, esos focolarinos podrán ser levadura en los Centros del Movimiento". (Se trata justamente de las "inundaciones").

Nuestra teología

"Por lo que se refiere al estudio teológico, se prevé que los focolarinos frecuenten cursos superiores de teología".

Esta es una idea recurrente: "Nosotros, por lo que se refiere a la teología, tendremos que profundizar la doctrina del Cuerpo de Cristo", estudio que se irá perfeccionando también en los detalles.

Este patrimonio de doctrina del Cuerpo de Cristo se pondrá en común en la Obra de María y será una riqueza también para la Iglesia".

Y aquí otro concepto importante:

"Naturalmente, la doctrina del Cuerpo Místico de Cristo (que requiere que se viva según el modelo trinitario), tendrá

51, PG 59, 284), por "inundaciones" se entiende la fuerte e intensa inserción de la vida y de la luz del carisma de la unidad en las realidades humanas.

repercusión también en el Cuerpo social que, por lo menos por medio de los que trabajan en la Obra de María, se irá edificando a imagen y semejanza del Cuerpo de Cristo".

¿Cómo estudiar?

Con respecto al modo de estudiar, en 1974 un seminarista me hizo una pregunta que decía aproximadamente: "A tu criterio, ¿cómo podemos estudiar la teología sin correr el riesgo de pensar sólo en eso y sin perder el sentido de la radicalidad del Ideal y del Evangelio?", a la que respondí: "Es muy simple. Yo también he estudiado y 14 veces me dijeron que dejara los estudios, y luego otras tantas que los reiniciara. Pues bien, recuerdo mi última hora de estudio. Me quedó grabada en la mente. Estaba sentada en el suelo sobre una alfombra. A un lado el Atlas y del otro los apuntes. Estaba preparando un examen de geografía. Pensé: 'Ahora voy a estudiar bien para hacer la voluntad de Dios y solo seguiré adelante cuando sepa todo tan bien como sé el Ave María'. Y así hice.

Tenía la impresión de que mi estudio era incienso que subía hasta Dios, pues estaba haciendo bien su voluntad. Esta última hora me pareció una obra de arte. Terminó la hora, pasé a hacer otra voluntad de Dios: cocinar para las focolarinas, porque yo era la única que quedaba en casa, vivía en Plaza de los Capuchinos. Las demás salían a trabajar. Después de aquella hora me dijeron que dejara de estudiar. Y me quedé muy contenta, porque la vida es amor, no es estudio. Por lo tanto, lo importante es hacer la voluntad de Dios, porque así se ama. Haciendo así no se corre el peligro de apegarse al estudio".

Se trata también de que el estudio se haga como se debe, porque "bien hecho puede ayudar a la contemplación". Esa es una convicción de Santa Teresa de Ávila, doctora de la Iglesia, que de contemplación sabía. Para ella, los doctos se ven más fácilmente llevados, "si son realmente doctos, a la contemplación", y por lo tanto a adquirir sabiduría.

Las siguientes palabras, de 1960, nos dicen cómo comportarnos con los estudios.

"Para nosotros el estudio no vale nada si no es efecto de nuestro amor. Se ha dicho: '*surgunt indocti*, se elevan los ignorantes y arrebatan el Reino de Dios, y nosotros, con nuestros estudios, vamos hacia las profundidades del Infierno'. Es lo que les sucede a aquellos que dan más importancia al estudio que al espíritu de piedad, de oración".

Estudiamos porque amamos

Para nosotros, entonces, es el amor lo que debe mover al estudio.

"¿Por qué –está escrito– deseamos estudiar? ¿Por qué no queremos dejar nunca de estudiar? Porque amamos a Dios. Y cuando uno ama a alguien y está enamorado, quiere saber de ese alguien todo lo que puede saber.

Nosotros deseamos saber todo lo que es posible sobre Dios para podernos enamorar cada vez más de él. Entonces, los libros no serán un estorbo para nuestra alma, algo que apaga el espíritu de oración, sino que será como paja arrojada al fuego...".

El estudio, además, no debe ser sólo efecto de la caridad, sino que debe servir a la caridad.

Para nosotros, como para san Bernardo, el conocimiento de las cosas profanas, incluso el conocimiento de la Escritura, debe "servir a la caridad". Porque es en la caridad que el hombre aprende a conocerse a sí mismo y a Dios, restaurando la "semejanza" con Dios.

El mismo Bernardo, en un célebre sermón, decía: "Toda mi alta filosofía consiste, hoy, en conocer que Jesús existe y fue crucificado".

Y cuando el santo comenzó, con sus primeros compañeros, el camino que Dios le había señalado, se dice que "eligió únicamente a Dios", "su vida con los compañeros era caridad". "Aquéllos que veían cómo se amaban, reconocían que Dios estaba en ellos".

Lo mismo debe suceder siempre con nosotros, también con los que se dedican al estudio.

El amor debe ser también el alma del estudio.

Juan Pablo II, hablando a un grupo de intelectuales, ha dicho que es necesario que los estudiosos, los teólogos tengan como modelo a santa Teresita de Lisieux, porque es el amor el que puede hacer una teología viva[8].

Se podría pensar en Santo Tomás como modelo. En cambio, el Papa indicó a Santa Teresa de Lisieux.

Una nueva doctrina

Desde hace mucho tiempo se piensa que del carisma de la unidad debe nacer una doctrina. O, mejor dicho, de la vida de unidad. Se dice siempre que, así como del Padre se generó el Hijo, su Verbo, su Luz, su Belleza, también de la vida de unidad debe surgir una teoría, una doctrina.

He aquí algunas ideas al respecto: "Si no existiese vuestra vida no existiría la doctrina, porque el Padre necesita existir para generar al Hijo y la doctrina es como el Hijo ante al Padre. Esta realidad nueva (la doctrina), que involucra a todos, no crecería si no viviéramos así (…)".

---

8. Cf. Juan Pablo II, *Discorso ai partecipanti alla riunione plenaria della Congregazione per la Dottrina della fede*, 24 de octubre de 1997, en "L'Osservatore Romano", 25-10-1997, p. 5.

"Esta vida evangélica es como una escuela, es más, es como la fuente de una nueva doctrina que sintetiza y amplía los conocimientos adquiridos".

"Una doctrina que será una síntesis nueva, porque el ideal de la unidad realiza la unidad de los opuestos. En el campo teológico las escuelas son muchas; el carisma de la unidad tiene la fuerza, con Jesús en medio, de lograr una síntesis sin caer en un arreglo de compromiso".

A esta doctrina la vemos, por otra parte, relacionada con María:

"Vendrá una nueva teología, una teología de la Iglesia, que es también una teología mariana, porque es la teología de la Obra de María. Aquí será María que, con su carisma particular, nos ayudará a recoger todo lo que, a lo largo de los siglos, ha sido fruto de todos los carismas, de todas las escuelas, para poder hacer una síntesis nueva, una síntesis mariana, la síntesis que hoy la humanidad espera, con la cual (…) revestir el rostro de la Iglesia no sólo de caridad, sino de luz, porque Jesús es la luz que vino al mundo".

Un día, hablando con un nuncio apostólico de África sobre las "semillas del Verbo" presentes en cada cultura, me pareció comprender que la doctrina que emerge del carisma de la unidad no se basa en ninguna cultura humana, sino que procede del Espíritu Santo.

Entonces, es una luz que no tiene color. Es una luz blanca que puede servir a todas las culturas; puede penetrar en lo profundo de cada ser humano, porque Jesús es el Hombre: no un hombre, sino el Hombre.

Con relación al índigo escribía:

"Lo que me interesa es la doctrina que se obtiene. No es que bebo vino, comiendo uva. Yo bebo el vino después de que la uva ha sido exprimida. El vino sería la doctrina que se obtiene del racimo de uva exprimido. El vino sería la doctrina que se obtiene del racimo, y el racimo sería toda nuestra experiencia completa. El vino sería la doctrina con la cual tendríamos que embriagarnos: todos iluminados y todos felices".

La Escuela Abba

Lo que viene ahora son ideas un tanto nuevas, que sin duda contienen una previsión.
"Tenemos la impresión de que, en la Obra de María, el Señor esté desarrollando no sólo una doctrina nueva, sino que la esté encarnando también en formas, las más variadas, que serán muchos campos de experimentación los cuales, a su vez, formarán parte de la escuela (las 'inundaciones' están vinculadas a la Escuela Abba[9]).

Así es como, para estudiar bien la doctrina social cristiana (por nuestro aporte particular), será necesario ir a ver cómo se vive en las industrias, en las empresas que la Obra de María habrá hecho nacer. Y para conocer profundamente los problemas pedagógicos, relacionados con la educación, será necesario visitar las escuelas en las cuales se vive nuestro Ideal. Toda la Obra de María se presentará como un banco de prueba, como un gimnasio de esta doctrina y será, al mismo tiempo, generadora de la misma".

Llama la atención lo que decíamos ya en 1967:
"Querría que, de nuestro Movimiento (ya que el aporte que debemos dar a la Iglesia no es tanto el de, por ejemplo, los *Compagnons Batisseurs*[10]), naciera una obra de luz.

Tendrá que nacer de nuestra espiritualidad una nueva cultura, una filosofía, una sociología, una teología. Eso es lo que

---

9. La Escuela Abba está constituida por un grupo de investigadores del Movimiento de los focolares, para la profundización teórica e interdisciplinaria de los contenidos doctrinales del carisma de Chiara Lubich [N.d.T].
10. Asociación belga, nacida en 1953, cuyo objetivo es ayudar a las poblaciones víctimas de la Segunda Guerra Mundial.

verdaderamente esperamos. Es decir, entre las cosas concretas que tienen que salir del Movimiento de los Focolares, ésta es la más apropiada, la más lógica.

Esta sería una de las obras, me parece, que la Obra tiene que hacer, precisamente porque tiene una espiritualidad.

Dado que es cristianismo visto con la mirada del siglo veinte, con las exigencias del siglo veinte, que supone todo el pasado, necesariamente debe tener estudiosos y estudiosas"

Ya en 1974 encontramos los primeros signos de la Escuela Abba.

"La lectura de aquellas páginas[11] les procuraba leves atisbos de luz para comprender una cosa u otra. Sobre todo ponía en ustedes una gran carga de esperanza de que esos destellos un día se volvieran luz. Eran destellos de lo más variados: iban del campo de la sociología al de la política, de la ciencia, etc. Hoy nos hemos reunido precisamente para comenzar a reconocer esos destellos.

Pero, nada de eso podrá suceder, si no creamos entre todos nosotros ese clima, esa atmósfera de unidad, de altísima unidad que es el Alma[12]; y yo pienso que hoy podría ser un día que mañana llamaremos histórico, el día 2 de diciembre de 1974, porque podría ser el preludio del nacimiento de la doctrina de la Obra de María".

---

11. Son de los años '49 y '50 y contienen intuiciones entre las cuales figura la presente nota [N.d.E.].

12. Con esta expresión, Chiara Lubich, hace referencia a una experiencia de profunda unidad vivida con las primeras focolarinas y los primeros focolarinos, en 1949, y que luego fue transmitida a los miembros del Movimiento. Apela a la vida de los primeros cristianos: "La multitud de los creyentes tenía un solo corazón y una sola alma" (*Hech* 4, 32) [N.d.E.].

María modelo de sabiduría

Concluimos, entonces, con un pensamiento del libro de la sabiduría:
"La sabiduría es luminosa y nunca pierde su brillo:
se deja contemplar fácilmente por los que la aman
y encontrar por los que la buscan.
Se anticipa a darse a conocer a los que la desean.
El que madruga para buscarla no se fatigará,
porque la encontrará sentada en su puerta.
Meditar en ella es la perfección de la prudencia,
y el que se desvela por su causa
pronto quedará libre de inquietudes" (*Sab* 6, 12, 15)..

La Virgen María es sede de la sabiduría, no porque habló, ni porque fue doctora de la Iglesia, ni porque se sentó en una cátedra, ni porque fundó universidades; es sede de la Sabiduría porque dio Cristo al mundo, la Sabiduría encarnada. Lo suyo fue un hecho. También nosotros: tendremos la sabiduría si vivimos para que Jesús esté en nosotros, que esté entre nosotros, que esté realmente.

7. EL AMOR UNE

Consideremos ahora el último "aspecto" de la espiritualidad de la unidad, el de la comunicación, que nosotros denominamos "violeta".

El modelo

El modelo del "violeta", como el de los anteriores, hay que buscarlo en la vida de la Santísima Trinidad, donde la comunicación es perfecta. Podemos comprenderlo por Jesús, que refiriéndose al Padre dijo: "Todo lo mío es tuyo" (cf. *Jn* 17,10).

Para desarrollar este tema, al igual que en los otros, me he valido de la documentación (escritos, discursos, diarios, etc.) de la historia de nuestra Obra, dándome cuenta también de lo exhaustivos que son al respecto los Estatutos. Me basta entonces con tomarlos y ofrecerlos para mantener siempre vivos y presentes en nosotros pequeños y grandes deberes.

He pensado hacerlo citando lo que el Espíritu nos ha donado durante nuestros 59 años de vida, decenio por decenio.

Años '50

A esos años me llevó una larga carta que el Santo Padre Juan Pablo II me enviara con motivo de habérseme conferido la ciudadanía romana el 22 de enero del 2000. En ella, que me procuró una gran alegría, al sugerirme alguna afectuosa directiva, entre otras cosas decía: "(...) Invoco sobre usted la fuerza y la luz del Espíritu Santo, para que pueda seguir dando valiente testimonio de fe y de caridad, no solamente entre los miembros de los Focolares, sino también entre todos aquellos que encuentre en su camino".

Eran palabras nuevas, una indicación inédita de parte del Santo Padre, que inmediatamente me hizo retroceder con el pensamiento hasta una página escrita en 1951, que sigue siendo hoy fundamental. En ese entonces no existía la Obra tal como es ahora; había focolarinas, focolarinos, laicos maduros, jóvenes, algunos religiosos y sacerdotes. A todo ese conjunto, donde emergían con más evidencia las personas consagradas (los focolarinos y las focolarinas) se lo llamaba, siguiendo el ejemplo de otras familias religiosas, "Orden de María", y la página llevaba por título: *De qué modo la Orden de María se relaciona con las personas que no forman parte de ella*[1].

Comenzaba diciendo:
"La Orden de María no vive para sí misma.

A semejanza de María Santísima, que vivió solamente para Jesús, la Orden de María vive para la Iglesia. Vive también para aquellos que no la integran directamente y, amándolos, encuentra su (realización, su) santidad. De este modo la Orden de María pone en práctica la ley evangélica que requiere morir para vivir. Pero 'el que pierde su vida la salvará...'

No pensando en sí mismos, allí donde hay desunión, frío, mundo, cruz, soledad, enfermedad, guerra, litigios, etc., los focolarinos llevan unidad, calor, cielo, compañía, salud, paz, concordia.

---

1. En estas páginas haré referencia a fragmentos originales, tomados en su mayoría de distintas conversaciones, que fueron levemente adaptados para hacerlos más comprensibles y luego volcarlos por escrito.

Por eso todos los campos están abiertos a la acción de la Orden de María: las familias, las escuelas, los lugares de trabajo, los parlamentos, los conventos de cualquier espiritualidad, las asociaciones: toda sociedad humana (ya se prevé, por ejemplo, una nueva política y una nueva economía) y religiosa.

Entre los focolarinos y las demás personas, además (todavía estábamos solamente en el mundo católico), se establece –en virtud de nuestra espiritualidad– una relación de fraternidad; y Jesús, que vive entre los focolarinos unidos en su nombre, podrá vivir y vive también entre nosotros y los demás, consumándonos a todos en uno, en Dios, en el Amor.

Los focolarinos, por lo tanto, no quieren introducir ninguna innovación más que la del amor que saben que puede cambiar la faz de la tierra. Tampoco quieren establecer una nueva organización, más que la Orden de María, porque en la Iglesia ya está todo organizado. Pero quieren contribuir a la vida de todas las organizaciones, para que todo lo que se hace en la Iglesia sea hecho en la caridad, cada vez más profundamente y con mayor continuidad, adquiriendo así nuevo valor. (...)

Saben que no hay nada más organizado que lo que el amor ordena.

Los focolarinos aprecian y admiran todos los caminos, porque en cada uno descubren una belleza de Jesús, en el cual querrían que todos caminaran unidos en el amor, para eliminar las divisiones, las barreras, los localismos, y todo lo que no es católico, es decir, universal".

Hasta aquí, el fragmento de 1951.

Sabemos que, con el tiempo, también otras ramificaciones como las de los sacerdotes, los voluntarios, los gen 2, los gen 3, los gen 4, los religiosos y las religiosas, etc., entraron a formar parte de la Orden de María, que se convirtió en Obra de María. Pero –nos resulta cada vez más claro– están en función de la Iglesia, como instrumentos distintos que permiten el vínculo que el Movimiento debe tener con las otras realidades presentes en la Iglesia y fuera de ella.

En esto se puede vislumbrar la unidad entre los Movimientos y las Comunidades eclesiales, modernas y antiguas

Por eso, confrontando este escrito con las indicaciones del Papa del 22 de enero de 2000, no podemos dejar de advertir su extraordinaria actualidad. Una página que expresa el alma, el porqué del "violeta", es decir, la tensión a vivir fuera de nosotros mismos por los demás; el deber de comunicar el tesoro que poseemos.

Siempre en los años '50, un discurso a los responsables de las zonas subraya que este "séptimo aspecto" debe vivirse dentro de la Obra, para alimentar así el amor recíproco:

"Lo que es de uno que se comunique a los demás, para que crezca la comunión fraterna. Por eso, se debe tratar de fomentar siempre, con comunicaciones orales, epistolares, etc., la caridad recíproca entre los miembros del Movimiento. Por norma, no se puede conocer nada que no se comunique en forma oportuna, porque con esto el Movimiento sigue vivo como un cuerpo en el cual siempre circula la sangre".

En los años '50, una de las primeras ideas sobre el "violeta" se refiere a Ciudad Nueva. que es un instrumento de comunicación. Se lo ve como portador de nuestro espíritu (es un órgano de opinión, por consiguiente limitado en la tirada) y un medio para mantenernos unidos a todos. En una carta mía de marzo del '58 se lee:

"Supimos que Ciudad Nueva gusta mucho, porque varios artículos contienen el Ideal. ¡Piensen lo que sucedería si pudiéramos hacer llegar la revista a 50, 70, 100 mil personas. Jesús, incluso a través de pequeñas experiencias escritas, pero que esconden la forma más alta de cada cultura, que es el Evangelio, podría (poco a poco) incendiar el mundo con su amor y tener en ello el instrumento que nos mantiene unidos a todos".

Al leer ahora esta carta no podemos menos que dar gracias a Dios por las 29 ediciones de "Ciudad nueva" y por los 70.000 ejemplares de tirada que tiene la edición italiana.

En los años '60

Nos gustaba constatar que la unidad –como observábamos en la oración de Jesús– no se podía separar de la universalidad: "¡que todos sean uno!".

"Si este Ideal hubiera bajado a la tierra, por ejemplo en la época de san Francisco –escribíamos–, no habríamos podido realizarlo, porque todavía no se había descubierto América.

En cambio, la unidad sería posible en este siglo. Nosotros, habiendo nacido en la época de los aviones, de la radio, de la televisión podríamos alcanzarla más fácilmente, tratando siempre de estar a la altura de las circunstancias. Y sería algo bastante normal, que obviamente no se realizaría en nuestra generación y tal vez ni siquiera en la próxima ni en la siguiente, pero poco a poco, sí, en todo el mundo".

Y siempre a propósito de la universalidad de nuestro Ideal, he aquí otra idea de esos años:

"El Testamento de Jesús no dice solamente 'que sean uno como tú y yo', sino: 'que *todos* sean uno'.

Nuestros focolares, nuestro Movimiento sería un círculo cerrado si, con la unidad, no tendiéramos a la universalidad. Si el sello de la universalidad no va a la par de la unidad, nuestra unidad es falsa. Nuestro convento es el mundo. Sí, es cierto, debemos reunirnos (Iglesia viene de asamblea, de reunión), pero... para reunir a todos".

En los años '60 era dominante en nuestra mente y en nuestro corazón la realidad de María Desolada a los pies de la cruz, cuando Jesús le confía una nueva maternidad, la de Juan, en quien están representados todos los hombres. María Desolada, que el Espíritu Santo se preocupaba de revelarnos y hacérnosla amar profundamente bajo distintos aspectos: no solamente como monumento de todas las virtudes, sino como madre universal, que mantiene unidos con su amor a todos los hombres, sus hijos. Por eso vinculábamos la figura de María al violeta.

En esos mismos años se empezaba a hablar de las *relaciones* (informes periódicos [N.d.E.]) como un instrumento del "violeta".

Encontré un escrito de Oberiberg, en Suiza (donde pasábamos el verano, si bien trabajando): "Este es el año de las relaciones. María se convirtió en vínculo de unidad con todos sus hijos justamente en su desolación, porque fue así (Desolada) como pagó su maternidad espiritual.

María y las relaciones. Aunque puedan parecer instrumentos burocráticos, en realidad las relaciones son un modo de que la Virgen, en su Obra (en efecto, siempre hemos pensado en el Movimiento como Obra suya), pueda mantenerse en contacto con nosotros, diseminados en el mundo".

Y a propósito de estas relaciones también está escrito: "Las relaciones se asemejan en algo a los *Hechos de los Apóstoles*. Pasarán tal vez cien años, e irán a ver en el archivo nuestros hechos, de nosotros, primeros "apóstoles" del ideal de la unidad. Por ejemplo se querrá saber cómo se desarrolló nuestro Ideal en Francia, lo que produjo en Argelia, etc.

Son los documentos de una Obra de Dios. Dirán cómo actuaba María, cómo gobernaba, cómo reinaba en esta Obra".

"A veces ciertas Obras son estudiadas solamente en base a documentos. Los documentos son una especie de fotografía de una Obra y representan la presencia viva de un pasado que ha condicionado el presente".

También es hermosa la mención de San Pablo:

"El *aggiornamento*[2] –escribíamos– es esencial como el apostolado y todo el resto".
Estoy leyendo los *Hechos de los Apóstoles*.
Allí donde Pablo va, siembra extensamente y siempre deja un grupito de discípulos que luego cultiva con sucesivas visitas, con cartas, con exhortaciones, con largas permanencias, creando entre ellos la jerarquía eclesiástica para que su obra continúe.
Cuando vuelve a las comunidades ya constituidas notifica, aggiorna a los discípulos de todo lo que el Señor ha obrado por medio suyo, y todos dan gloria a Dios".
Nosotros caminamos en esa línea.

Pero ningún aspecto tiene valor, tampoco el "violeta", si no se basa en esa realidad que es el fundamento de la Obra: la presencia de Jesús entre los hermanos. El "violeta", en todo caso, debe contribuir a sostenerla, a alimentarla y recomponerla.
Con respecto a esto es muy significativa una página de mi *Diario*, siempre de los años '60. Es el tiempo en el cual aparece la "norma de las normas", "premisa de cualquier otra regla", y se refiere a Aquél que liga a las personas en uno.
Está escrito: "Jesús entre nosotros es el alma del 'violeta'. Sin él los medios están muertos y son inútiles. (…)"
Allí donde está él, la Iglesia vive con el rostro nuevo que el Concilio le dio.
Donde está él, todo está vivo, vivo, vivo por su presencia vinculada a distintos factores de la unidad: unidad con la autoridad, unidad entre nosotros, unidad con toda la humanidad, y trae consigo el aroma de esa cierta infalibilidad que el Concilio le atribuye al Pueblo de Dios (cf. *LG* 12).
Por lo tanto, con él caminamos seguros (…)

---

2. Con este término se denomina la comunicación interna de noticias que conciernen a la vida de la Obra [N.d.E.].

Debemos tenerlo presente, tenerlo en la mente pero sobre todo llevarlo a la práctica, como una idea fija, como el primer deber natural del focolarino.
Todo el resto (incluido el 'violeta') viene después".
Así, por ejemplo, todo aggiornamento que llegue del Centro debe ser escuchado sólo si reina Jesús en medio de nosotros, es decir, la caridad entre todos.

Se habla también de la correspondencia y se subraya su importancia:
"Una de las actividades tal vez un poco descuidadas en los focolares es la correspondencia.
Dado que nuestra vocación no es directamente la de cuidar enfermos, o huérfanos, o presos, etc. sino cultivar y a veces 'convertir' a las personas, la correspondencia es nuestro 'bisturí para lograr tal objetivo".

En otro *Diario* leemos:
"La Regla subraya que son necesarios los medios más eficaces y modernos, y dice que esto se debe a la necesidad de llevar las ideas al 'mayor número de personas necesitadas de Dios'.
Entonces no podemos resignarnos sino dedicarnos, además de la revista, a la radio (que ahora usamos), a la TV (que comenzamos a usar), al cine y al teatro; Todos medios que por ahora confiamos al Corazón de Jesús, para que en su momento los haga florecer, dándonos las ideas y las posibilidades técnicas y económicas".
Se siente también la necesidad de no dejar, sin que produzca su fruto, todo lo que se comunica y se aconseja volver a meditar, un poco por vez, todo ese material rico de sabiduría.

Algunas ideas de los años '70

En mayo de 1970 nació la primera idea sobre la importancia del archivo que conserva los documentos:

"Estamos ordenando el archivo –se lee en el *Diario*–. De cada año hay documentos importantísimos –patrimonio de la Obra–, que hablan por ejemplo de la gradual y cada vez más decidida aprobación de la Iglesia.

Es una riqueza inestimable para los siglos venideros. Al leer algunos documentos se tiene la impresión de hojear una novela magnífica: es la historia de una obra de Dios".

Es de gran importancia, a su vez, todo lo que he escrito y dicho sobre nuestra Regla (= los Estatutos).

He experimentado, en efecto, que al redactar, en distintos años, nuestros 12 Estatutos, cada vez más completos a medida que la Obra crecía, se tuvo siempre una gracia especial tanto sobre la forma de presentar la Obra en ese tiempo, como para el futuro, casi como si el carisma contuviera en sí cierto impulso profético.

Un *Diario* del '71 describe cómo nos esforzamos por vivir la unidad en mi focolar. Lo menciono aquí, por dar un ejemplo, para que se vea también cuál puede ser el fruto de habernos comunicado siempre todo, a fin de ser y convertirnos cada vez más en una sola cosa. Escribo:

"En mi focolar la filadelfia[3] es más que una realidad. Es aquí donde cobro fuerzas para afrontar las cruces de cada día, después de la unión personal con Jesús.

Aquí la una se preocupa por la otra de acuerdo a las necesidades. Aquí se pasa de la sabiduría, comunicada con espontaneidad, a los consejos prácticos sobre la salud, la ropa, la casa, la comida; a las ayudas continuas, cotidianas, con sacrificios que muchas veces no se cuentan.

---

3. Es decir, el amor fraterno [N.d.E.].

Aquí, en fin, estás convencida de que nunca serás juzgada, sino amada, disculpada, ayudada. Aquí la traición, aunque fuera mínima, es impensable. Aquí circula sangre de familia, pero celestial".

Los años '80-'90

"Contamos con medios de comunicación: las casas editoriales, algunos Centros Santa Chiara[4], todo en pequeña escala, pero no importa; lo importante es que estén en función del fin para el cual Dios los hizo nacer.

Tenemos nuestros pequeños conjuntos, que son preludio de cierto teatro: ¡y llegará! Pero lo más importante –seguimos repitiéndolo con decisión –es tener a Jesús en medio.

Todos los métodos, y medios nuestros, pueden ser útiles si nosotros, que los usamos, somos levadura, somos sal".

Y por lo que se refiere al modo de comunicar la luz de nuestro Ideal está escrito:

"(…) debemos ser como depósitos, como diques que, sin embargo, no deben abrirse enseguida. El agua debe estar siempre en un nivel alto. Nosotros la recogemos de la vida "ideal" que ponemos en práctica; del Espíritu Santo dentro de nosotros, de la liturgia, de la teología, de la Historia Sagrada, del Evangelio… Pero, repito, no tenemos que abrir enseguida el dique. Tenemos nuestros momentos apropiados que son, por ejemplo, los congresos de la Obra. Así, si se me ocurre una linda idea, o tengo una intuición, tomo nota… y el agua sube… Entonces, cuando hay un encuentro, vierto allí un poco de

---

4. Así se llama el Centro Audiovisual de la Obra de María. Fue tomado en honor de santa Clara de Asís, proclamada por Pío XII "Patrona de las comunicaciones" (este centro está presente en todo el mundo) [N.d.E.].

agua; luego, en otro, un poco más de agua, como también en los contactos personales...".

Es muy hermosa e importante la mención a las cartas que circulaban en los primeros tiempos: "Las cartitas (las llamábamos así) son los documentos más numerosos que han quedado de los primeros tiempos. Escribíamos a nuestras compañeras para arrastrarlas al mismo ideal: a nuestros padres, a los otros parientes, y a través de ellos queríamos llegar a muchos y muchos más. Escribíamos a personas casadas, a sacerdotes (y éramos jovencitas), escribíamos a religiosos... Y así como el fuego abrasa todo lo que encuentra, porque nada ni nadie escapa y todo lo aferra con sus llamas, así quemaba el fuego espiritual en esas cartas".

También se piensa en el futuro de la Obra. En el '84 escribía:

"Pasan los años y todos debemos comprender que, al igual que para Pina[5], la hora de partir llegará también para nosotros, y tal vez pronto. Yo también lo pienso, naturalmente. Pero cuando leo todo el material que tenemos, o vuelvo a escuchar las grabaciones, o a ver las cartas ... pienso que me bastaría una partecita de lo que allí encuentro para 'vivir', para hacer que Jesús viva en mí.

El archivo, bien usado, permite que todos, en el Movimiento, sepan cómo vivir. Y cuando yo no esté más, habrá que volver a escuchar todo lo que se ha dicho, y se verá que se trata de ideas, pensamientos, todos del mismo valor, que –aunque parezcan pequeños o grandes– son todos expresiones del carisma. Podremos empezar desde el principio, porque nuestro *itinerario* espiritual no ha sido hecho en subida, sino que hemos penetrado cada vez más en el Evangelio, y el Evangelio está siempre a la misma altura, siempre es alto, siempre es 'Jesús'.

---

5. Pina De Vettori, focolarina de los primeros tiempos, fallecida justamente en ese tiempo [N.d.E.].

Se comenzará desde el principio y se verá que la primera palabra tiene el mismo valor que la última. Ésa es la realidad".

En el '90, viendo los programas de TV, muchas veces deletéreos y absolutamente negativos, dimos algunas directivas sobre cómo comportarnos con ella.
"Se requiere mucha prudencia con los medios de comunicación. Es más, se impone hacer una opción valiente, radical, que quizás no todos comprendan: renunciar, en cierto sentido, a la televisión. Mirar sólo el noticiero, trasmisiones religiosas o deportivas, culturales y sobre la naturaleza, o películas bien hechas que aporten valores.
Después de estas directivas las experiencias de los focolarinos fueron muy positivas, es más, se puede decir que fueron entusiastas. La 'renuncia' a la televisión intensificó el clima sobrenatural en los focolares, y la unidad.
Es verdad que en la Obra vivimos distintas situaciones – según las obligaciones de cada uno–, pero a todos se nos pide prudencia"

En aquellos años vemos en el Espíritu Santo el protector de los medios de comunicación:
"El Espíritu Santo, cuya función es la de unir, debe ser el protector de todo medio de comunicación".
Se comprende que ha llegado la hora de anunciar nuestro Ideal "desde los techos". "Hasta ahora fuimos moderados, pero ya basta; hay que salir a la vida pública, hablar, predicar desde los techos. Por eso usar la palabra, pero también los periódicos, difundir más extensamente la Palabra de vida[6], los

---

6. El comentario a una frase del Evangelio (escrito por la autora), que se vive mensualmente en el Movimiento. (Traducido en 84 idiomas y difundido por radio y televisión, este comentario llega a más de 14 millones de personas en todo el mundo) [N.d.E.].

libros, la prensa en general, la radio, la TV, los documentales... todos los medios".

Preguntémonos cada noche: ¿hoy hablé más que ayer? Lo cual significa también escribir, o hablar entre nosotros para tener alta la temperatura espiritual en nuestros ambientes o en nuestras manifestaciones, etc. Hablar, hablarles a los demás, aprovechando todas las ocasiones".

Se especifica, además, (en los años '90 el Santo Padre ya había dado alguna directiva sobre la "nueva evangelización") que nuestra evangelización es esa: vivir y hablar.

Dice el Santo Padre: "La vocación de la Iglesia a la evangelización significa, sobre todo, vivir más profundamente el Evangelio. Tal testimonio vivido cada día es un primer acto de evangelización. Pero –continúa– el testimonio cristiano por medio del ejemplo personal necesita ser acompañado por la proclamación de Jesucristo"[7].

También en los años '90 se hace esta especificación: "El primer instrumento de unidad es la fuente. Por lo tanto, unidad con la fuente. Esto es indiscutible. Si Dios, para enviar este carisma a la tierra, usó un instrumento, hay que estar unidos a él para poder poseer toda esa agua que la fuente ha dado. También por esto el archivo tiene una importancia enorme".

En estos años el Centro Santa Chiara está tratando de rescatar las primeras cintas magnetofónicas, que datan de los años '60, y los primeros videos, porque se estaban desmagnetizando. Así es como hemos descubierto algunas cosas tan hermosas e importantes que ahora muchos quisieran tener.

Se trata, además, de documentar el fruto de nuestra vida ideal conservando escritos, revistas, audiovisuales, etc., para

---

7. Juan Pablo I, *Ai vesvovi del Ghana* (en visita *"ad limina"*), 6-11-1987, en "La Traccia", 11 (1987), pp. 122-125.

poder entregar a las futuras generaciones (gen 2, gen 3, gen 4) un patrimonio que les ayude a proseguir nuestra revolución de amor. Se comprende todo el bien que pueden obrar los medios de comunicación. Está escrito: "Dios tiene que volver a ponerse de moda –es un lema nuestro– y puede volver a los hogares, a todos los ambientes, por medio de la televisión, del teatro, de los libros, de las entrevistas".

En este último tiempo hemos comprendido la necesidad de utilizar los medios de comunicación sobre todo hacia afuera (porque dentro de la Obra ya los usamos bastante), desde que se nos dijo autorizadamente que nuestro Movimiento (sobre todo en los aspectos más "encarnados", como las "inundaciones"), debe alcanzar mayor "visibilidad".

Por eso hoy, para nosotros, los medios de comunicación son aún más necesarios.

Hemos aceptado esta sugerencia sobre la mayor visibilidad pensando en las palabras de Jesús: "Así debe brillar ante los ojos de los hombres la luz que hay en ustedes, a fin de que ellos vean sus buenas obras y glorifiquen al Padre que está en el cielo" (*Mt* 5, 16).

Un tema nuevo, rico en contenidos y métodos, que no aparece ciertamente en los Estatutos, es el que se hizo con ocasión del gran Congreso de los medios de comunicación en junio del 2000. Será oportuno releerlo y tomarlo como punto de referencia.

Entonces, para concluir, menciono por lo menos una de las ideas que figuran en ese tema.

Jesús abandonado, habiéndose hecho vacío, la nada infinita, es la pupila de la mirada de Dios sobre el mundo y del mundo sobre Dios. Por eso, él fue el comunicador más excelso y más divino: unió el cielo a la tierra y la tierra al cielo.

Él es el modelo para nosotros, que queremos vivir plenamente también este séptimo aspecto de nuestra espiritualidad.

ÍNDICE

Prólogo 5

PRIMERA PARTE: LÍNEAS GENERALES

1. UNA NUEVA ESPIRITUALIDAD: COLECTIVA

El esplendor de las espiritualidades 13
Se va a Dios individualmente 13
Vamos a Dios juntos 15
Lo exigen los tiempos 16
Primeros síntomas de una espiritualidad colectiva 17
Las exigencias del pasado 19
Las necesidades del presente 20
Instrumentos de las espiritualidades individuales 21
Instrumentos de la espiritualidad colectiva 22
    El hermano 22
    La Palabra 23
    Las penitencias y los votos en función de la unidad 24
    La oración comunitaria 26
    Jesús en medio de nosotros 27
    El "castillo exterior" 29

2. Los puntos fundamentales

   Dios Amor: fuente originaria de unidad 31
   La primera chispa 33
   Cuanto más nos acercamos a Dios,
   más nos acercamos entre nosotros 35
   Amar y ser amados 37
   Palabras vividas para ser uno 40
   La ley del Cielo 42
   La clave de la unidad: Jesús Abandonado 44
   La unidad 46
   Jesús entre nosotros 48
   La Eucaristía 53
   La Iglesia 54
   María 58
   El Espíritu Santo 62

SEGUNDA PARTE: LA "ASPECTOS"

Introducción 67
1. El amor es comunión 71
2. El amor irradia 77
3. El amor eleva 87
4. El amor sana 99
5. El amor hace casa 117
6. El amor genera sabiduría 133
7. El amor une 151

OTROS TÍTULOS DE CHIARA LUBICH

MEDITACIONES *(8ª edición)*

MEDITACIONES 2 *(4ª edición)*

QUE TODOS SEAN UNO *(5ª edición)*

MARÍA HUMANIDAD REALIZADA *(5ª edición)*

JUNTOS EN CAMINO *(2ª edición)*

SABER PERDER *(3ª edición)*

LA EUCARISTÍA *(3ª edición)*

BUSCANDO LAS COSAS DE ARRIBA *(2ª edición)*

LA UNIDAD Y JESÚS ABANDONADO *(2ª edición)*

LA VIDA, UN VIAJE *(2ª edición)*

ENCUENTROS CON ORIENTE *(1ª edición)*

¿POR QUÉ ME HAS ABANDONADO? *(2ª edición)*

DONDE FLORECE LA VIDA *(1ª edición)*

EL GRITO *(2ª edición)*

Esta edición se terminó de imprimir en Multi Group S.R.L.
Av. Belgrano 520 - Ciudad de Buenos Aires,
en el mes de Junio de 2016
www.multigraphic.com.ar